I0302580

www.ingramcontent.com/pod-product-compliance
Lightning Source LLC
Chambersburg PA
CBHW041619220426
43661CB00046B/1509
9780978388386

Magick Manuscript Collection

Photographic Original Reprint

Volume One

Khawass al-Horoof
(Properties of the Letters)

By

Ali Kofi or Muhssen Ali Kofi

(Unclear Marginal Handwriting)

MAGICK MANUSCRIPT COLLECTION VOLUME ONE
AN ISHTAR PUBLISHING BOOK:
978-0-9783883-8-6

PRINTING HISTORY
Ishtar Publishing edition published 2008

1 3 5 7 9 10 8 6 4 2

Ishtar Publishing
141-6200 McKay Ave
Suite 716
Burnaby, BC
Canada V5H4M9

www.ishtarpublishing.com

Printed and bound in the United States.

جاري
في ملك العبد
الفقير المعترف
بالذنب والتقصير
الراجي عفو ربه
محسن [illegible]
علي [illegible]

هذا ما كتب [illegible]

[illegible]

ادالدي كتب ادا المشكل اسود ولك ساعي الفقه سنة [illegible]

بسم الله الرحمن الرحيم

قال المؤلف رحمه الله تعالى ونفعنا به آمين

حرف الدال وفوايده وذلك من كتب
حرف الدال خمسه وثلاثين مرة وهو عدده
الواقع عليه يعني على تفصيله لمن كتب اذا
كتبت الجمله خمسه وثلاثين ومعه شكل
المربع على حريره بيضا ووردها حرف الدال
خمسه وثلاثين مرة ويكون القمر في بيت
السرطان محفوظا من المشتري وتجعله
في جوف خاتمه في ذلك الوقت ولبسه
على طهارة وصوم وصفا باطن ادام الله عليه
رزقه ومن التخمين اسمه الدايم كان
له ذلك وشرحنا جملة في الاسم الدايم
والدال في الحمد في كتابنا علم الهدى
واسرار الاهتدي في اسماء الرحمن فاغنى
عن اعادته ومن كتب حرف الدال على
هذه الصفه كما سياتي بيانه وحمله ودخل
على الملوك اهابوه وكتابته في حريره صفرا
ويكون القمر في بيت السرطان او في بيت
المشتري

المشترى محفوظا منه ونحره يحل ذي
رايحة طيبه وحمله معه فانه ينال به
جميع مقاصده ومارب عند الملوك والحكام
وتحبه النسا وينال الحظ الوافر منهم
وما نظرته امرة الا احبته وهو حقته
وضعه كما ترى

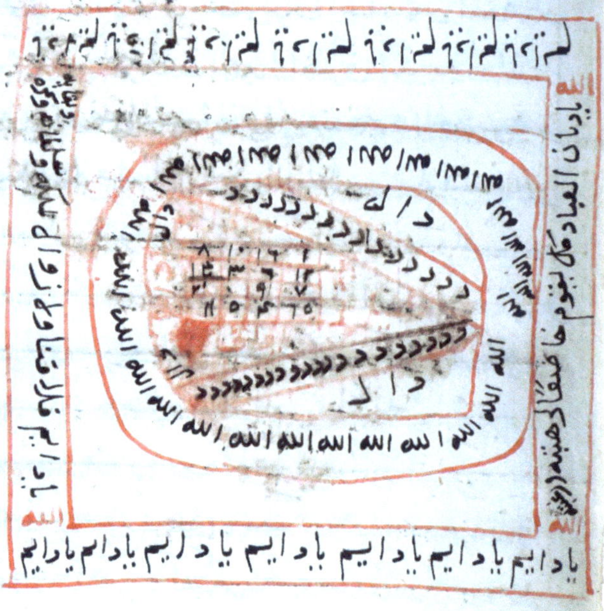

وذكر بعضهم من كتب محمد رسول الله احمد رسول
الله خمسة وثلاثين مرة بعد صلاة الجمعة وحمله
معه رزقه الله تعالى قوة على الطاعة ومعونة
على البركة وكفاه الله همزات الشياطين وان
هو استدام النظر الى البطاقة وهو يتخيل اسم
النبي صلى الله عليه وسلم محمد واسمه احمد وكيف
تحملت الاسمان الشريفان المباركان المعظمان
المكرمان المبجلان بهذا الحرف الكريم وهو الدال
ويديم النظر اليهما في يومه عند طلوع الشمس وهو
يصلي على سيدنا محمد صلى الله عليه وسلم يسر
الله عليه في يومه ذلك اسباب الطاعة والسعاده
وذلك بحسب القبول وعقد النية وصفا الباطن
وهذا سر لطيف جدا [illegible] كتب شكله
القدري وحمله امنه الله تعالى من الرعد ا
المصري من اي الهول المدركا لو او من كتبه
ومحاه وسقاه لمن يشتكي حما مطبقة
نفعه ذلك وكذلك تخفف الم السم
من العقارب

من العقارب والحيات وغير ذلك مما يناسب
هذا الباب وهذه صفة المربع المذكور
ويليه مربع آخر يناسب لذلك العمل وهو كما ترى

٤	١٤	١٢	١
ي	ح	٥	١ح
٦.	١١	١٠	٥
١٥	ط	مح	لحا

٤	١٤	١٥	١
٩	٧	٦	١٢
٥	١١	١٠	٨
١٦	٢	٣	١٣

واما شكل المربع الحرفي فخاصيته ان يذهب
بالنسيان ويجد الفهم والعقل لمن استدام
شربه في ماء مطر وعسل نحل وهو ايضا
ينفع لمن يشتكي صدره اذا انقش والقمر
في العقرب والمريخ ينظر اليه نظر عداوة
في لوح نحاس تحميه في النار فانه يصلح للدغ
العقرب اذا اسقي ماءه بعد ان يغمس
الخاتم فيه ولما كان هذا الشكل المربع
هو مجموع الالفات الاربعة التي هي من العقل

وسر الروح وسر النفس وسر القلب والالف
في العدد واحد واذا ضربت الاربعه في نفسها
انبسطت لستة عشر وهو انتها العدد التفصيلي
لان العرش والكرسي والسموات السبع والارضين
السبع الجملة ستة عشر وهذا العدد هو
انتها هذا الشكل المربع الذي هو عشرين
ففي هذه الستة عشر شعبه الاربعة عشر
وهي السموات والارض وفيه شعبة الاثني عشر
وهي البروج الاثني عشر وفيه شعبة الثمانية
وهي حملة العرش وفيه شعبة الستة وهي
شعبة الحدود الجسمانية وهي الفوق والتحت
والخلف والامام واليمين والشمال وفيه
شعبة الاربعة وهي شعبة النبيين
والصديقين والشهدا والصالحين وفيه
شعبة الاثنين وهما شهادة ان لا اله الا الله
محمد رسول الله فهذه سبعة اشفاع وفيه
من الوتر به وتر الخمسه عشر وهو الكرسي
والسموات السبع

والسموات السبع والارض وفيه وتر الثلاثة
عشر وهي وتريه القلم واللوح والصور وروح
القدس والكرسي والسموات السبع وفيه
وتر الحادي عشر وهو ما في عالم الانسان
من الحواس الخمس وهو السمع والبصر والشم
والذوق واللمس والجهات الست الفوق
والتحت واليمين والشمال والخلف والامام
وفيه وتر التسعة وهي ذات الانسان وطبايعه
الثمانيه وهي الحرارة واليبوسة والبرودة
والرطوبة والحرارة والرطوبة والبرودة
والحرارة اليبوسة والرطوبة فالصفرا
حاره يابسة والهوى حار رطب وهو
طبع الدم والبلغم طبعه بارد رطب
والسودا بارده يابسة فهذه ثمانية
مفصلة وفيه وتر السبعة وهو وتر
الافلاك السبعة فلك زحل وفلك
المشتري وفلك المريخ وفلك الشمس

وفلك الزهرة وفلك عطارد وفلك
القمر وهو وتر الايام السبعة والارضين السبعة
وكل سبعة وفيه وتر الخمس وهو وتر الصلوات
الخمس وفيه وتر الثلاثة وهو وتر الدور
الثلاثة دار الدنيا ودار البرزخ ودار
الاخرة وفيه وتر الواحد وهو وتر العقل
فاجتمع في الستة عشر ثمانية اشفاع وثمانية
اوتار كل شفع يتلقى كل وتر وكل وتر يتلقى كل شفع
مثال ذلك واحد واحد اثنان وثلاثة
ستة وهكذا الى اخرها وكذلك الاشفاع
وان شكله العددي بالقلم الطبيعي وهو
الهندي على ما سياتي بيانه وهذا القلم
اولى به واحق وله في الحروف اسرار عجيبة
وذلك ان تضع مكان هذه الاعداد حروفا
ويكون عملك لها بعد اسبوعين صيام لا تاكل
فيها ليلا الا الخبز وحده واستدامة الطهارة
وذكر الله تعالى وتنقل الى صفحة مربعة من قصدير
صفي وتنقش

صفي وتنقش عليها هذا الشكل الحرفي
وانت مستقبل القبلة بعد صلاة ركعتين
بالفاتحة مرة واية الكرسي مرة وقل هو الله احد
مائة مرة في يوم الخميس في ساعة المشتري عند
طلوع الشمس ويكون القمر مخصوصا من الشمس
والمشتري ويكون الطالع الجوز وتبخره بالمستكي
والصندل الابيض في كل يوم خميس فلا
يمس هذا الخاتم يجيب الله تعالى اليه
امور الديانة ويتيسر له الاعمال والطاعات
ويرزق التيسير في اسباب الرزق ويضع
الله البركة فيما تحاوله يده وكذلك اذا جعله
في موضعه او في دكانه او في صندوقه كثر
ماله ورزقه ليقرطان تكتب معه كلامه
المخصوص به لطلب الرزق ووسع البسط
ووضع البركة على ما ياتي بعد ان شا الله تعالى
ومن كتبه يوم الخميس في رق ظبي
نقي عند طلوع الشمس وحمله معه في مخيط.

شيا به امن بعون الله تعالى من اللصوص والمكاره
وكلما خاف وحذر بعد ان يكتب معه كلامه
اللائق به في ذلك كله واياك وحمله على نجاسة
وهو اول موضوعات الاعداد وسانبه على
شيء من اسرار الاعداد وما ابرز الله تعالى فيها
وصفة منافعها ومصادرها وتصاريفها وسر
الحروف المعجمة التي في كتاب الله تعالى وهي اوائل
السور التي هي ثمانية وعشرين سورة لم يطلع
الله تعالى عليها الا خواص خلقه وما في اسما
الله تعالى التي هي كنوز الاسرار ومجاري
الاقدار ومعرفة اسم الله الاعظم العظيم
الكبير الاكبر الكريم الاكرم وما فيه من الاسرار
الالهية وصفات الربوبية مالا تجده في
كتاب ولا نقف عليه في ديوان جمعته واتقنته
وانتقيته من درر العلوم وغوامض الاسرار
حتى ينتفع به من يقراه ويفهم معناه
وهو صفة المربع الحرفي وله دعا

د	لد	به	ا
ط	ز	و	بب
ه	يا	يج	ح
بو	يب	ج	لح

منظوم من شكله
المجموع من حروفه
وغوامض اسراره
وعدد حروفه
المستخرجه منه التي
غير مكرره وهي عشرة احرف منها المنسقة
احرف الموضوعة في جدول المثلث وهي كما
ترى فافهم ترشد ابجد هوز حطي
زاد عليها حرف اليا وهو العاشرة وانتظم
منها هذه الدعوة الشريفة وهي هذه
اللهم اني اسالك باسمائك الحسنى كلها
ما علمت منها وما لم اعلم يا هو يا هو يا واحد
يا واحد يا هادي يا بر يا بارئ يا بصير يا بديع
يا باقي يا باسط يا جليل يا دائم يا وارث يا ودود
يا حي يا حليم يا حق يا حكيم يا طاهر يا مطهر
اجب دعوتي واقضي حاجتي اجب يا اسرافيل
انت واعوانك وخدامك من العلوية والسفلية

واعلم يا اخي وفقني الله واياك الى طاعته
ان حرف الالف له وفق هوائي له كوكب المريخ
خادمه الاحمر وهو حرف قوي الفعال اذا ضربته
في مثله اظهر الطاقة وهو مناسبه مراتب الاحاد
وهذه صفة وضع وفقه فافهم ترشد
هذا وفقه حرف الالف المشهور سره وفضله
عند العلماء واعلم ان هذا الحرف الشريف له قوة
في تصريف ساير الحروف لانه كالاب فافهم
واما خواصه اذا اردته تحييه فاكتبه
على هذه الصفة كما بينا في ساعه سعيدة
وان مزجت اسم الشخص الذي تريد العمل له في
حرف الوفق كان اجمل واقوي في الافعال
وتقول اقسمت عليك يا سمسمائيل انت وخدامك
واعوانك من العلويه والسفلية وخدام حرف
الالف جميعاً فاني اقسم عليكم الا ما سمعتم واطعتم
واجبتم وعجلتم وافلقتم ٣٥٢ الى محبة
٣٥٢ بحق ما اقسمت به عليكم وبحق حرف
الالف وما انزل الله

الملائكة وما انزل الله تعالى فيه من الاسرار التي
لم يطلع عليها الا العلما العارفين بالله وتحف المجد

وجعله دعوة حروف الالف الذي
دعوا بها العدد المتقدم سبحانك
لا اله الا انت يا رب كل نبي ووارثه
لا اله الا الالهة الرفيع جلاله يا حي
يا قيوم يا بديع السموات والارض

واعلم بأن هذا الحروف كلها
عليه طلسمه اول الحروف فلاجل ذلك صار
مقدرا على غيره وله تصريف عظيم في الكائنات
والتهيكات والقبول هذا من وجه وله
في ابطال الفساد والهلاك

وما فيها من الخواص الا ما اجبتم بالطاعة لما دعوتكم
اليه وبما اقسمت عليكم وقس على هذا ما يناسبه
من الاعمال والافعال ينجح عملك وان اردته
لاعمال المفساد فافعل كما ذكرنا اولا من تبغيض
وهلاك ودمار وما وما اشبه ذلك وقس عليه
وافعل تنال المقصود والله يقول الحق وهو يهدي
السبيل واما الثانية من المنازل منزلة
البطين وهي لحرف البا اذا نزل القمر بها
يخدمه بامر الله تعالى قوة روحانية تصلح
للغضب وما تقدم ذكره وفيه يشرب الدوا
ويتحرك فيه الاكابر وابنا الدنيا وملوك الارض
لان هذا الوجه من الحمل هو الثاني وهو
وجه الشمس وفيه يكون شرفها على ستة
درج منها يوم اربعة من ابريل والشمس
سعيدة الا انها حارة يابسة فالسعدها
وشرفها في هذا الوجه تعمل فيه للقبول
والدخول على الملوك على ما تريد منها وما تقصدها
فيه فانها تقضي

فيه فانها تقضي الحوائج وتعمل ايضا للمحبات
والقبول وجلب القلوب وجذبها الى من يريد
ذلك وتصلح لعمل الصناعات الحكميه والاكسير
الذهبيه وتدابيرها **الثالث من المنازل**
وهي منزلة الثريا ولها حرف **الجيم** اذا نزل
القمر بها يبخر منها روحانية ممتزجة الحرارة
والرطوبة والبرودة وسعد متوسط جيد للسفر
ومحارجة الاشراف والدخول عليهم وعلى الاكابر
وارباب الدنيا واهل العلم لان الثريا مجتمعة
بكثرة من النجوم ولذلك كان الاجتماع بما ذكرنا
جيد ولها **وفق** عظيم يعمل في شرفها
ويحمل ويدخل به على الاشراف فان حامله ينال
مراده منهم ويودونه ويطيعون امره
ولا يخالفونه فيما يريد ويطلب وبه كان جعفر
البرمكي مقبولا عند الرشيد وقد نال به منه
ما يريد صفة وضعه كما ترى

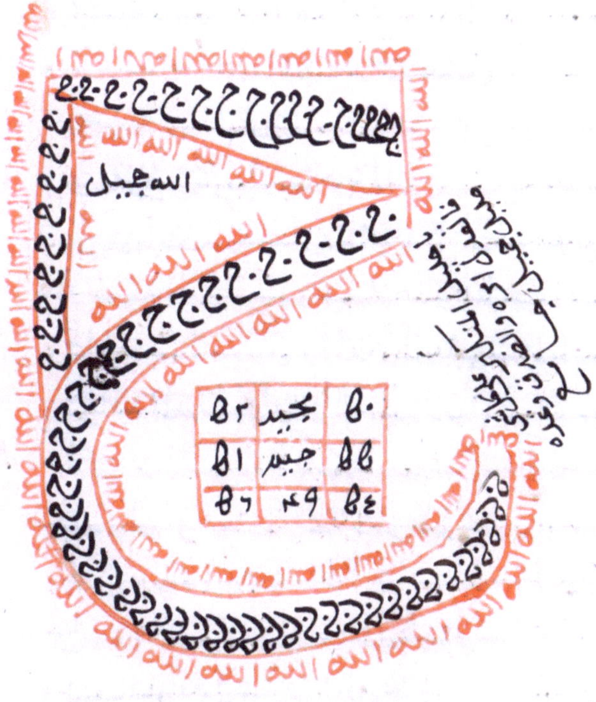

وقوله تعالى اني جاعل في الارض خليفه
وقوى هذه المسبع دراري ماخوذ من قوى
التقطيعات الباطنيه وهي لا اله الا الله فهي
مستمدة محكمة

مستمدة من هذه العلويات الاقدسيات وها انا
انبهك على الحروف الحارة والباردة والرطبة
واليابسة فالحارة سبعة احرف ا ه ط م ف
ش ذ والرطبة سبعة احرف ب و ي ن
ص ت ض والباردة سبعة احرف
ج ز ك س ق ث ظ واليابسة سبعة
احرف د ح ل ع ر خ غ فالنار جامعة للحرارة
واليبوسة والهوى جامع للرطوبة
والحرارة والماء جامع للبرودة والرطوبة
والتراب جامع لليبوسة والبرودة
وقد حلت الطبايع الاربعة المذكورة
وهي الصفرا والدم والبلغم والسودا
فالصفرا طبع النار حار يابس والدم
طبع الهوى حار رطب والسودا طبع
التراب بارد يابس والبلغم طبع الما
بارد رطب ولقد ظهر تاثير ذلك بالعيان
وذلك ان بعض الاسما قامعة للحما بالكتابة

وهي الاسما البارده مثل اسمه العدل والشديد
وهي الحروف البارده واليابسة تدخلها
في مسبع كما ترى وهذه صفته كما ترى
فافهم ترشد وكذلك بعض الاسما
فامعه للزهره وهي الصفرا المحرقه
فصل تذكر فيه الاوقات السعيده
من الاوقات النحيسة وساعاتها وما يوافق
فيها للخير والشر فمن ذلك يوم الاحد
الساعة الاولى فهي للشمس اعمل فيها
للقبول وللدخول على الملوك والحكام ويصلح
فيها ليس الجديد الساعة الثانية للزهرة
فانها ساعة مذمومة لا تعمل فيها شي من
الاشيا جميعًا الساعة الثالثة لعطارد
سافر فيها واكتب فيها العطف والمحبة
والقبول وما اشبه ذلك الساعة السادسه
للمشتري اطلب فيها حوايجك من الملوك
والسلاطين والاكابر الساعة السابعه

مريخ لا تعمل فيها

للمريخ لا تعمل فيها شي فانها نحسة الساعة
الثامنة للشمس اعمل فيها جميع ما تريد
فانها تصلح لجميع الحوائج والامور وهي ساعة
سعيدة جدا الساعة التاسعة للزهره
اكتب فيها للسفر وجلب الناس ولعطف
القلوب والمحبات وما اشبه ذلك الساعة
العاشره لعطارد اعمل فيها جميع ما تريده
فانها ساعة محموده الساعة الحادي عشر
للقمر اعمل فيها جميع الطلسمات والخواتم
وما اشبه ذلك الساعة الثاني عشر
لزحل لا تعمل فيها شيا فانها نحسة ولا تعمل
فيها الا المطروات مثل الفرقه والبغضه
وما اشبه ذلك يوم الاثنين الساعة
الاولى منه للقمر تصلح لعمل المحبات
وعقد الالسنة وجلب القلوب الساعة
الثانية لزحل تنفع للسفر ونجح الحوائج
الساعة الثالثة للمشتري تصلح للاكال

الادويه مثل النزيف والرعاف والسقم
والهلاك وما اشبه ذلك الساعة الخامسه
للمشتري تصلح لقضا الحوائج وعطف القلوب
والمحبات والتهاييج الساعة السادسه
للزهره تصلح لقضا الحوائج وعقد اللسان
وجذب القلوب الساعة السابعة لعطارد
تصلح لعمل الطلسمات وغيرها الساعة
الثامنه للقمر تصلح الي الزواج والى الصلح
بين المتباغضين الساعة التاسعه لزحل
تصلح للفراق والنقلة والبغضه وما اشبه ذلك
الساعة العاشره للمشتري تصلح للقبول
والمحبه وعقد الالسنه والصلح بين المتباغضين
الساعة الحادي عشر للمريخ اكتب فيها
للعداوة والبغضا والنزيف والحراق الدما
وغيره الساعة الثاني عشر للشمس
تصلح لعقد الالسنة والمعطوفات
يوم الثلاث الساعة الاولى منه
للمريخ يكون العمل

لمريخ يكون العمل فيها للبغضة والفساد والفرقة
ونزف الدم والاسقام والامراض الساعة
الثانية للشمس لا تعمل فيها شي ابدًا الساعة
الثالثة للزهرة تصلح لخطبة النسا والزواج
الساعة الرابعة لعطارد اكتب فيها لجلب
الزبون وللبيع والشرا والتجارة الساعة
الخامسة للقمر لا تعمل فيها شي لانها
مذمومة نحسة متوقفة الساعة السادسه
لزحل يصلح فيها الكتابة للعقد والرمد والاسقام
وما اشبه ذلك الساعه السابعة للمشتري
اعمل فيها ما اردت من المعطوفات والمحبات
وما اشبه ذلك الساعة الثامنه للمريخ اعمل
فيها ما اردت من التزليف ورمي الدم والاسقام
والرمد وما اشبه ذلك الساعة التاسعه
للشمس تصلح لعقد النسا والمحبه والتهابيج
وما اشبه ذلك الساعة العاشره للزهره
لا تعمل فيها شي لانها غير محموده الساعة الحادي عشر

لعطارد تصلح لتعطيل الاسفار والعاقة
من الزواج وما اشبه ذلك الساعة الثاني
عشر للقمر تصلح لاعمال البغضة والفساد
والنقالة والشر والطلاق وما اشبه ذلك
يوم الاربعا الساعة الاولى منه
لعطارد تصلح للقبول والمحبات وما اشبه
ذلك الساعة الثانية للقمر لا تتعرض
فيها لشي من الاعمال لانها مذمومة الساعة
الثالثة لزحل تصل لعمل الامراض والنزيف
والنغاوير وما اشبه ذلك الساعة
الرابعة للمشتري اعمل فيها كل ما تريد من
اعمال الخير فانها ساعة جيدة الساعة
الخامسة للمريخ احذر فيها من مخاصمة
الناس والعمل الردي فانها مذمومة الساعة
السادسة للشمس تصلح للسفر في البر
والبحر واكتب فيها كل ما تريد من الاعمال الخير
الساعة السابعة للزهرة اعمل فيها
ما شئت ايضا

ماشبه ايضا فانها محموده للفعال الساعة
الثامنه لعطارد تصلح لبكا الاطفال
والكتابة الجيب كي العين والنظرة وما اشبه
ذلك الساعة التاسعة للقمر لا تفعل
فيها شي جملة واحدة لا نها ردية الساعة
العاشره لزحل جيده للدخول على الملوك
والسلاطين والحاجب الساعة الحادي عشر
للمشتري اكتب فيها الوفاق لمقابلة الحكام
والمحاكمات وما اشبه ذلك الساعة الثاني
عشر للمريخ اعمل فيها للفرقة والبغضة
والنزيف وما اردت من اعمال الشر يوم
الخميس الساعة الاولى منه للمشتري
اكتب فيها لجلب الرزق والزبون والقبول
عند الناس الساعة الثانية للمريخ
لا تخرج فيها دم واعمل فيها المعقودات
والتربيفات الساعة الثالثة
للشمس لا تسافر فيها ابدا واكتب فيها للقبول

والمحبة وما اشبه ذلك الساعة الرابعة
للزهرة اعمل فيها المحبات والزواج ونحو ذلك
الساعة الخامسة لعطارد يصلح فيها
لعقد النسا والرجال الساعة السادسة
للقمر يصلح فيها السفر في البر والبحر ويصلح
الى كل عمل تريده من اعمال الخير الساعة السابعة
لزحل احذر فيها المحاكمة ويصلح لمقابلة اصحاب
الاقلام الساعة الثامنة للمشتري يصلح
للقا الامرا واعمال الفساد الساعة التاسعة
للمريخ يصلح للقا الامرا واعمال الفساد الساعة
العاشرة للشمس اطلب فيها حوايجك
من السلاطين والامرا والاجناد وارباب
المناصب الساعة الحادي عشر للزهرة
اكتب فيها للقبول والمحبات وغيره الساعة
الثاني عشر لعطارد لا تعمل فيها عملا ابدا
يوم الجمعة الساعة الاولى منه
للزهرة اعمل فيها للتهييج للنسا وجلبهم
ومحبتهم والصلح

ومحبتهم والصلح بين المراة وزوجها الساعة
الثانية لعطارد اكتب فيها جميع الطلسمات
الساعة الثالثة للقمر لا تعمل فيها شي ابدا احدا
الساعة الرابعة لزحل تصلح لتغوير العيون
والابار الساعة السادسة للمريخ تصلح
للفساد والتزليق ويكتب فيها لقبول النسا
الساعة الخامسة للمشتري تصلح للقبول
والمحبات الساعة السابعة للشمس اكتب
فيها المقابلة السلاطين وقضا الحوايج الساعة
الثامنة للزهره اعمل فيها النهاييج والعطوفات
وخطبت النساء وزواجهم الساعة
التاسعة لعطارد اعمل فيها سائر الاعمال
والانفعال بنجح عملك فانها مباركة الساعة
العاشرة للقمر اعمل فيها المفرقة والثقالة
فانها سريعة الاجابة الساعة الحادي
عشر لزحل لا تعمل فيها عملا غير تغوير
المياه والعيون والابار الساعة الثاني عشر

تستري سافر فيها واطلب حوائجك وما تريد
من المقاصد فانها تنجح وتجي جيده يوم الاحد
الساعة الاولى منه لزحل اعمل فيها مهما اردت
من المقبولات والمحبات فانك ما لزحل الا هذه
الساعة السعيده في هذه اليوم اذا كان اول
الشهر والهلال في زيادته واذا كان اخر
الشهر يليق يوم السبت ساعة زحل سائر
الاعمال النحيسه فافهم ترشد فقد اوضحنا
لك اوضح الطريق الساعة الثانية
للمشتري اكتب فيها للصلح بين المتباغضين
الساعة الثالثة للمريخ اعمل فيها للفرقات
والبغضات وجميع اعمال الشر والفساد
الساعة الرابعة للشمس يكتب فيها
للقبول عند الملوك ومخاطبتهم وطلب الحوائج
منهم الساعة الخامسة للزهره لا خير فيها
اصلا الساعة السادسه لعطارد تكتب
لتحصيل الصيد الساعة السابعة للقمر

لا خير فيها

لا خير فيها فلا تكتب فيها شيئا ابدا الساعة
الثامنة لزحل اعمل فيها الاسقام والامراض
والترفيقات والرعاف وما اشبه ذلك الساعة
التاسعة للمشتري اكتب فيها ما شئت
من اعمال الخير فانها جيدة جدا الساعة
العاشرة للمريخ اعمل فيها للنزيف والسقم
والامراض فانها نحسة موافقة لذلك
الساعة الحادي عشر للشمس تصلح
للقبول وعطف السلاطين والوزرا والحكام
والقضاة والولاة وارباب الاقلام وتصلح
للمحبات والصلح بين المتباغضين الساعة
الثاني عشر للزهرة اكتب فيها للقبول
والمحبة الى النسوان والصلح بين الزوجين
والله الموفق والمعين اعلم وفقني الله
واياك ان من عرف الاوقات المناسبة للاعمال
من خير وشر نال مراده في كليهما بيد انها اساس
العلم وبابه الذي يدخل منه وها نحن قد اوضحنا

لك جميع ما يكتبوه الناس من هذا العلم ليهون
عليك العمل بما في هذا الكتاب من هذه الجهات
وتعرف كل عمل وما يوافقه وقد وضعنا جدولا
لتفهم منه الابراج النارية ما هي وكذلك
الابراج الترابية ما هي وكذلك الهوائية والمائية
وكذلك الحروف وطبائعها فاذا كان الغرض
في الابراج النارية يعمل له ما يوافقه من
الاعمال النارية وان كان الغرض في الهوائية
يعمل فيه ما يوافقه من الاعمال الهوائية والاخلاط
الدخنية وكذلك ان كان في المائية والترابية
وهذا كله تفهمه من هذا الجدول الاتي بيانه
وبعد هذا نوضح لك ما تعرف منه في كل ايام
القمر في اي برج حتى اذا عرفت ذلك وحققته
يهون عليك ما تطلب فان كان في برج ناري
تعمل فيه ما يوافقه وان كان هوائي او ترابي
او مائي وهذه صفته الجدول المذكور
كما ترى وبعد ذلك نوضح لك معرفة
القمر في اي برج

القمر في اي برج يكون فاذا اتاك طالب حاجه
في اي برج كان
فاحسب اسمه
واسم امه
واسم مطلوبه
واحسب حروفها
وانظر الغالب
على عنصرها
ما هو فان كان
في برج ناري
او ترابي
او هوائي
او مائي فاعمل

نار	تراب	هوا	ماء
حمل	ثور	جوزا	سرطان
اسد	سنبله	ميزان	عقرب
قوس	جدي	دالي	حوت
ا	ب	ج	د
ه	و	ز	ح
ط	ي	ك	ل
م	ن	س	ع
ف	ص	ق	ر
ش	ت	ث	خ
ذ	ض	ظ	غ

له عملا يوافقه والى اخر عملك الى ان تحل القمر
في البرج الذي هو مطلوبك وان وافقت
في ذلك الوقت فيكون بسعد صاحبه فافهم
وهذا معرفة القمر في اي برج واي تركه.

واعلم وفقني الله واياك الى طاعته وفهمك
اسرار اسمائه ان القمر ينزل كل يوم وليلة
في منزلة فاذا اردت معرفة القمر في اي برج
هو وكم درجة قطع منه فخذ ما مضى من
شهرك العربي وزد عليه مثله ثم زد عليه
اس القمر وهو خمسة فما اجتمع لك من العدد
فاطرحه خمسة خمسة لكل برج وابدا من
البرج الذي فيه الشمس فان بقي لك اقل من
الخمسة فاعلم ان القمر في ذلك البرج الذي
فني فيه العدد واضرب ما بقي معك دون
الخمسة في ستة تخرج لك كم درجة قطع
القمر من ذلك البرج فاذا اردت ان تعرف
القمر في اي منزلة فتعرف اول طالع الفجر
ثم تاخذ ما مضى من شهرك العربي الذي انت
فيه وتزيد عليه اثنين اسا دايما ابدا وتعد
من منزلة طالع الفجر الى ان ينتهي بك العدد
في اي منزلة فني فيها العدد فاعلم ان تلك

المنزلة القمر فيها

المنزلة التي بها فاعلم ذلك وان اردت انك تعرف
طالع الفجر فانظر الى شهرك القبطي الذي انت
فيه وانظر كم مضى منه ايام وادخل بعدد
في الجدول الذي فيه

مسرى	ابيب	بؤونه	بشنس	برموده	برمهات	امشير	طوبه	كيهك	هاتور	بابه	توت	العدد
ذراع ذراع	هقعه	ثريا	رشا شرطين	مقدم	سعود	سعد ذابح	شوله	اكليل	غفر	صرفه	جبهه	ا ب
نثره							شوله			صرفه عوا		ج د
	هقعه			مقدم مؤخر			نعائم					ه و
	هنعه							اكليل			جبهه خرتان	ز ح
		ثريا			سعود اخبيه			قلب				ط ي
		دبران							غفر			يا يب
			شرطين			ذابح بلع			زبانا			يج يد
نثره طرف			بطين							عوا		يه يو
				مؤخر رشا			نعائم بلده			سماك		يز يح
	هنعه ذراع										خرتان	يط ك
					اخبيه			قلب شوله			صرفه	كا كب
		دبران هقعه			مقدم							كج كد
						بلع			زبانا اكليل			كه كو
طرف			بطين ثريا			سعود						كز كح
جبهه							بلده			سماك غفر		كط ل

في الجدول الذي فيه العدد فاينما وجدت العدد فسر اصبعك في ذلك الجدول

الجدول الى ان تاتي في الجدول الذي فيه
الشهر فتنظر المنزلة الذي وقفت عليها
فتحكم بها فهي طالع الخبر عن ذلك تعرف
منازل القمر فافهم ذلك وهذا الجدول المذكور
اعلاه كما ترى **فصل** في ذكر معرفة
اضمار الملائكة الاحرف التي لم يتم
الاعمال الا بها وهو انك اذا عملت عملا تنظر
في حروف اسم الطالب والمطلوب واسم
ذلك اليوم وتسقط منهم ثلاثين ثلاثين والذي
تبقى فضل دون الثلاثين فاخر الاحرف يكون
الاضمار يعني اضمار صاحب ذلك الحرف تضيفه
الى اسماء العمل الذي تريد ان تعمله فانك
اصحاب الاسما التي في ذلك طرفة عين وان هذا
من اكبر الاعمال **وهذه** صفة اضمار الملائكة
فافهم ترشد **ملك الالف** اسمه
هطهطهطلفيابيل واضماره هذه الاحرف
هدهيلون شلهطايايا طمخلشنق **ملك**

البا اقماره كشمخ هبليخ مدمخ ملك
الجيم اقماره صهليخ سلطد مهكوده ملك
الدال اقماره يجطهمكيل ملك الها
اقماره هشنطع ملك الواو اقماره
مهكوده شلنموخ براخ ملك الزاي
اقماره سعدري هطلطم مهرط ملك
الحاء اقماره كمنلاطلخ طبخ ملك
الطا اقماره شمهط ملشخ طمه ملك
اليا اقماره مفبيغ هكهف نسو نبدخ
ملك الكاف اقماره شعرود جبيطا مدمخ
ملك اللام اقماره عفصبط طهمشن ملدم
ملك الميم اقماره مدمخ كلبيل ملك
النون اقماره شفنبع وجيد بهبط ملك
السين اقماره جمطع علطرحبيد
ملك العين اقماره محطبيد عربوا زرد
ملك الفا اقماره كبطد ررطيش
دهفيل ملك الصاد اقماره مشعوع

حمليغش

صمبيثفس ملك القاف امارة عدعصير طلجباثي
ملك الرا امارة شطيف كهيبل دبوم ملك
الشين امارة علكطف مهفاغل مهفط ملك
التا امارة شمقبيل طوثي يافوج ملك الثا
امارة عموطيار واكيثي هفيط ملك الخاء
امارة ههكيبنج نهجل ملك الدال امارة
علكمهص صهدع سهلط ملك الضاد
امارة يوخ روخ اهوثي واعلم ان ملك
الضاد وملك الظا لهم قرد امار واحد
فافهم ملك الغين امارة سملطف كلكطف
هبوط فهذه جملة الامارات كاملة والله الموفق
الفصل الثالث في احكام منازل القمر الثمانية
وعشرين منزلة الفلكيات ونذكرها هنا جدول
عظيم الفائدة يعلم منه هلال كل شهر باي
منزلة هو وباي برج وطريقها ان نعرف احد
الشهر العربي فان الشمس والقمر يكونان في منزلة
واحدة ثم اعرف ذلك اليوم هل هو في ثلث الشهر

الاوي الاول او الثلث الثاني او الثلث الثالث
او النصف الاول او في النصف الثاني واو حل
باول يوم من الشهر العربي تحت ذلك
الثلث او النصف تنظر الي المنزلة
التي هي فيها الهلال واعرفها واعلمها
بعلامة ثم امشي منها علي المنازل بعدد
ايام الشهر الماضي فتعلم المنزلة
التي فيها الهلال ذلك اليوم مثال
ذلك رايتا الهلال هل اول ليلة
بالشرطين ومضي من الشهر
العربي سبعة ايام فاردنا نعرف
المنزلة التي فيها القمر ذلك
اليوم فعددنا من الشرطين
سبعة منازل فانتهينا
الي الذراع فعلمنا ان القمر
في الذراع وقس على
ذلك ترشد وهذه
صفة الجدول

صفة الجدول

القول على منزلة الشرطين وهذه صفته

وله حرف الالف اذا انزل القمر

بالشرطين وهو ناري نحس يصلح من الاعمال ما كان
يختص بامور النسا تحرك روحانيته الى ذلك
متصل بنفوس الملوك وفيه يظهر فيهم الغضب
والبطش وسفك الدما وكانت الحكما في هذا
الحد تسكن الى النوم وعدم الحركه ذكر بعضهم
انه يرى في نومه ما يفزعه ويكدر اخلاقه
وان عدم النوم في هذا الوقت اولا ويلزم
الصمت في الكلام الا الشي الضروري
او ما لا بد منه ولا تعمل فيه صنعة واذا اردت
عمل فاعمل فيه اعمال الشر والفساد ومن ولد
في هذه المنزلة كان شريرا كثير الفساد
بخوره فلفل وحبه سودا **القول على منزلة**
البطين وهذه صفته . وله حرف
البا اذا نزل القمر بالبطين فهو حار
رطب يخط فيه الى العالم روحانيه
صالحه معتدله تصلح لما كان يختص بامور
الرجال دون النسا وتصب فيه الطلسمات

ويصلح فيه

ويصلح فيه عمل الكيميا وكل صنعه جليله المقدار
ويصلح فيها ابتدا العلوم وصناعة الجوهر والنقش
والقوم ورقا الامراض والتداوي ولعزل العدو
ومن ولد فيه عاش سعيدا رشيدا محبوبا
للخلق وبخوره عود وزعفران ومسك القول
على منزلة الثريا وهذه صفتها

ولها حرف الجيم اذا انزل القمر
بالثريا وهو ممتزج الجوهر تنحط فيه الى العالم
روحانية ممتزجة الحرارة والبرودة يصلح فيه
عمل الطلسمات وافعال ما يصلح للنسا وتدبير
الادوية الصالحة للبرد والبرودة ويصلح
المسافر في بر وبحر رابحا وتجب فيه
لقا الملوك ومكاتبتهم ويصلح فيه التزويج ونشر
الحوايز والممالك وكلما دبر فيه كان سعيدا جيدا
لانه عدل القمر دون الشمس وكلما صنع
فيه كان محمود العاقبة ومن ولد فيه كان
سعيدا ويبغض الفجور وتجب التقوى

ويباشر الصالحين والعلما واما بخوره بذر كتان
وحبه سودا القول على منزلة الدبران
وهذه صفته ⁘ وله حرف الدال
اذا نزل القمر بالدبران وهو ارضي نحس
تنحط فيه الي العالم روحانية تفعل العداوة
والبغضا والفساد في الارض فاحذر فيه
السعي في طلب الحوائج والابتدا بالاعمال ولا يصيب
فيه طلسما ولا تدبر فيه صنعة بالجملة فكل
الاعمال فيه رديئة العاقبة ولا تصلح الا في
دفن الموتى ودفن المال وكنزه وتكتم
الاسرار وحفر الابار وشق الانهار
ولا يصلح لما سوى ذلك ومن ولد فيه كان
مذموما مخذولا والبخور لذلك قشر رمان
حلو ولبان ذكر القول على منزلة الهقعة
وهذه صفتها ⁘ ولها حرف الها
اذا نزل القمر بالهقعة وهو ممتزج من
نحس وسعد فاعمل فيه تبريجات السموم

واخلاطه

والاخلاط خاصه ولا تدبر فيه صنعة الشمس
والقمر ولا تفرق فيه زرعا ولا تلبس فيه
ثيابا جددا او خلقة ولا تتزوج فيه فان ذلك
كله غير محمود العاقبة ولا تتحرك فيه لشي
من افعال الروحانية ومن ولد فيه كان محمود
العاقبة في اخر عمره وفي اوله فلا والمحور
لذلك عود بي ولبان جاوي ومستكا القول على
منزلة الهنعة وهذه صفتها
ولها حرف الواو اذا نزل القمر فاعملت
فيه ابواب المحبة والعطف والمودة ودخن فيه
بالدخن وادخل فيه على الملوك والاكابر واسعي
في حوائجهم واتصل فيه باشراف الناس
ومعاشرة الاخوان وابتدي فيه بالاعمال الذي
تريدها وتزوج فيه واشرب الدوا واشتري
فيه الجوار والمماليك والخيل واغرس فيه
الاشجار وابني فيه البنا واكتل وزن
وسافر فيه وبيع واشتري كل ذلك محمود العاقبة

ومن ولد فيه عاش سعيدا ومات شهيدا والبخور
لذلك قطرب وبزر شبح القول على منزلة
الذراع وهذه صفتها : ولها حرف
الزين اذا انزل القمر بالذراع وهو رباعي
سعدي لبني تنحط فيه الى العالم روحانية
صالحه ويصلح فيه معالجة الروحانيات وابتدا
بالاعمال الصالحه والبخورات والاجتماع
في بيوت العباد وتنصب فيه الطلسمات
ويعمل فيه ابواب النارنجيات ويدخل فيه
على الملوك والفضال الاشراف من الناس والاخوان
ومن ولد فيه كان سعيدا شديدا موفقا
وبخوره حب قرليص وبزر كتان
القول على النثره هذه صفتها
ولها حرف الهاء اذا انزل القمر بالنثره
وهو بارد ممتزج سعد ممتزج بنحس تنحط
فيه الى العالم روحانية تفعل في العداوة
والبغضه والقطيعة وما اشبه ذلك
ونفع لعمل

وتصلح لعمل الطلسمات التي تصلح لذلك
والدعا بالسخط الاعدا والطغات والبغات
والسحرة وتتحرك فيه روحانية الغضب
فلا تدبر فيه صنعة السمس ولا تدخل على الملوك
ولا يبدي فيه بالاعمال لاهانة الحروب والمشورة
عليها لا مهاربة تصلح لاعمال الفساد كما ذكرنا
ومن ولد فيه كان منحوسا بخوره قسط مر وقشر
رمان القول على الطرف وهذه صفته
• وله حرف الطاء اذا نزل القمر
فيه فهو ما يحس مستمر تخط فيه الى العالم
روحانية تدل على مثل ما تقدم ويقوي
فعلها ولا تنصب فيه طلسما ولا تدبر فيه
صنعة ولا تدخل فيه على الملوك ولا تبدي فيه
بالمودة ولا تعمل فيه حكمة ولا تتلو قسما
والاقفر وفيه خير من الخلطة وهو رديء
لجميع الاعمال ومن ولد فيه كان منحوسا بخوره
عود ند وزعفران القول على الجبهة

وهذه صفتها ... ولها حرف الباء
اذا نزل القمر بالجبهة وهي بارده
ممتزجة بنحس وهو الى الصلاح اقرب ويبتدي
فيه بالمودة والاعمال القريبة الماخذ والدخول
على الملوك وسوال ما يتحصل من قضا الحوائج
ويداوي فيه العلل الهينة البرو ونصلح
فيه النقلة من مكان الى مكان والحركة ويكره
فيه تفصيل الجديد ولبسه ومن ولد فيه
كان حاذقا سعيدا موفقا ولاكن فيه بعض
مكر وخديعة البخور له حب الاس وزعفران
شعر القول على الخرثان وهذه صفته
... وله حرف الكاف اذا نزل
القمر بالخرثان وهي الزبره وهو حار يابس
يصلح لمعالجات الروحانيات ونصب الطلسمات
وعلاج المرضي ومداواة الزمنا والبيع
والشرا والدخول على الملوك والروسا
ويصلح فيه السفر الذي يراد ابانه والاقامة
فيه ربع

فيه ويصلح فيه الاعمال الجليلة القدر ويصلح
فيه لبس الجديد ومن ولد فيه كان محبوبا
عند الناس الا ان فيه بعض ملوودها واما
بخوره فقشر رمان حلو لا غير القول على
منزلة الصرفة وهذه صفتها • ولها
حرف اللام اذا انزل القمر بالصرفة
وهو كوكب ممتزج الجوهر من الارض والنار
تنحط فيه الى العالم روحانية سعد تصلح
لحاجات متوسطات من الاعمال ولا يدبر فيه
صنعة ولا يعالج فيه المرضى ولا روحانية
ولا يدخل على الملوك ويعمل فيه الات الحرب
ويحمل فيه السلاح وركوب الخيل ومن ولد
فيه كان ردي الطباع ينفر من الناس
وتنفر الناس منه محتالا مكارا شريرا
ولا يحبه احدا من عظم شره ومكره
والله سبحانه وتعالى اعلم البخور لذلك
جوزة بوا القول على منزلة العوا

وهذه صفتها ∴ ولها حرف الميم

اذا نزل القمر بالعوا وهو كوكب حار يابس
سعد ممتزج بنحس تنحط منه الى العالم روحانية
تهيج الشهوة وتورث للرجال المحبة للنسا
والاجتماع بهن ويصلح لابتدا التعليم العالم
وتعليم كل شي ولا يدبر فيه صنعة الحجر المكرم
فانه لا يناسبها ولا يجادب فيه الاعدا ولا يخاصم
ولا يحاكم ولا يدخل فيه على الملوك ويصلح ان يلبس
فيه الاثواب الجديدة ويفصل فيه الاثواب
ومن ولد فيه ذكر كان او انثى فانه يكون صاحب
سعد ونحوره لبان ذكر القول على منزلة
السماك وهذه صفته ● وله حرف النون

اذا نزل القمر بالسماك وهو كوكب ارضي
يابس تنحط فيه الى العالم روحانية تورث
العداوة وفساد المراة ويصلح لعمل السموم
القاتلة وكل شي يورث الفساد ويكره فيه
الابتدا بالاعمال الجيدة المنفعة ويكره فيه

البيع والشرى

البيع والشري والمقابضة ومن ولد فيه
كان نايمًا كذابًا غير محمود العاقبة بحوره لبان
ذكر وحب سُنبل القول على منزلة الغفر وهذه
صفته ⁘ وله حرف السين اذا نزل القمر
بالغفر وهو كوكب رباجي مسعد تتخاطبه الى العالم
روحانية تونشر المحبة والمودة والراحة والفايدة
من الملوك ويجمع فيه الادوية وما يجلب به السموم
القاتلة ويدفع اذاها ويصلح فيه تدبير الحجر
المكرم ونعالج فيه الروحانية وتنصب فيه الطلسمات
ويعمل فيه كلما يوافق ذلك من ساير الحرف
والصنايع ومن ولد فيه كان منحوسا دومكر
وخديعة وبحوره لبان ذكر لا غير القول
على منزلة الزبانا وهذه صفته
وله حرف الميم اذا نزل القمر بالزبانا
وهو كوكب رباجي سعد ممتزج بنحس
تتخاطب فيه الى العالم روحانية الشي وضده
فاعمل فيه بموجب ذلك ومن لبس فيه ثوبًا

اصابه عضة كلب او تتكلم الاعدى فيه
بكلام السو او يلحقه علة في جسده مما يولد
ويتعب في بروجها ومن ولد فيه كان سعيدا
او في جميع حركاته ذكرا كان او انثى ولكن فيه
بعض مكر وبخوره بذر شبح وبابونج القول
على منزلة الاكليل وهذه صفته
وله حرف القاف اذا نزل القمر
بالاكليل وهو كوكب ممتزج من سعد ونحس
يخط فيه الى العالم روحانية تحدث فيه العداوة
والعين والبغضة وتعمل فيه الشي وضده
ولا تشارك فيه ولا تتزوج ولا تشتري الرقيق
ولا تغرس فيه الاشجار المثمرة ولا تزرع الزرع
فكل ذلك غير محمود العاقبة ولا تفصل فيه
الثياب الجدد ولا تلبسها ولا تخاصم فيه
ولا الحاكم ولا تطلب فيه قضي الحوايج ومن ولد
فيه ذكرا كان او انثى كان ردي ما يشبه ما بخوره
فلفل وزعفران وعود في القول على منزلة
القلب وهذه صفته

وهذه صفته • وله حرف الصاد
اذا نزل القمر بالقلب وهو كوكب سعد
مائي رطب تنحط قبه الى العالم روحانية
تصلح ما افسدت المنزلة المتقدمة ويصلح
لشرا السلاح والات الحرب ولشرى
الدواب والبيطرة وقلع الاشجار والزرع
والخراب واخراج الدفاين وعلاج البهايم وشرب
الادوية المسهلة والفصد والحجامة ومن
ولد فيه كان منحوسا ذكرا كان او انثي
وعنده مكروه هاهنا بخوره ورق الاهليلج
القول على منزلة الشوله وهذه
صفته • وله حرف القاف
اذا نزل القمر بالنعايم وهو كوكب
سعد مضروب بنحس ينحط قبه الى العالم
روحانية ممتزجة نقل الشي وضده تصلح
للعقد والحل وما كان متوسطا من الاعمال
ويكره فيه تفصيل الجديد ولبسه ولا نصب

فيه طلسما ولا تعالج فيه الروحانية والعزلة
فيه والوحدة محمودة المعاقبة ومن ولد فيه
ذكرا كان او انثى كان رديا مبتئسا كذابا
نماما فاجرا وماجوره فتنفر زمان ومسكني

القول على منزلة النعايم وهذه صفته
وله حرف الراد انزل النعم

النعايم وهو كوكب ناري سعيد
نير مشرق مضي تنحط منه الى العالم روحانية
تصفي القلوب وتدعو الى المودة والحظ
والسعادة وهو محمود المعاقبة في جميع الاحوال
~~والمودة~~ ويصلح فيه تدبير الصناعة المكرمة
وتبنى فيه الحكمة والعلوم الفقهية وينصب
فيه الطلسمات ويبنى فيه البناء ويغرس
الغروس ويلبس فيه الجديد ويفصل الثياب
الجديد فان لابس الجديد لم يزل
في فرح وسرور الى ان يبلى ذلك الثوب
ومن ولد فيه ذكرا كان او انثى فانه يكون مباركا

سعيدا موفقا

سعيد اموفقا في جميع حركاته بجوده لبان
ذكي وبدر سبع القول على منزلة البلدة
وصفة صفتها .... ولها حرف الشين
اذا نزل القمر ... بالبلدة وهو كوكب
ناري نحس تنحط فيه الى العالم
روحانية تعمل في العداوة والبغضا
والقطيعة وكل سوء ولا يعمل فيه سوى
ذلك فاحذر ان تنصب فيه طلسما ولا تدبر
فيه صنعة الحجر المكرم والجواهر العظيمة
ولا تعالج فيه الروحانيات ولا تزرع فيه
زرعا ولا تغرس ولا تبني فيه سفرا ولا تخالط
فيه الملوك ولا الاكابر ولا تتزوج فيه ولا تشتري
فيه الرقيق ولا تبيع ولا تلبس الجديد ولا تفصل
ولا تعمل عملا من الاعمال ومن ولد فيه ذكرا كان
او انثى فانه يكون منحوسا ممتحنا لا يجوز مستقبل
وعودي القول على منزلة الذابح وهذه
صفته ... وله حرف التاء اذا نزل القمر

بالدابح وهو كوكب ارضي نحس ممتزج تخط
فيه الى العالم روحانية تفصل فيه البغضة
والعداوة والقطيعة ولا تحمد فيه عواقب
الامور والاعمال وتتحرك فيه نفوس الملوك
بالغضب والسخط ويدوم فيه البيع والشري
الا الدقيق ويصلح فيه الحفر والتبسس
والزراعة ويحرم فيه الخبايا والدفاين
ويكتم الاسرار ومن ولد فيه ذكر كان مباركا
حريصا على الدنيا محبا لها بخوره العصفر

القول على منزلة سعد بلع وهذه صفته
وله حرف الشاء اذا نزل القمر

بسعد بلع وهو كوكب ممزوج الجوهر
وهو سعد ممتزج بنحس تخط فيه الى العالم
روحانية تفصل الشي وضده وهو يلين الجيد
والردي يصلح فيه شري الرقيق والمماليك
ويصلح فيه لشري الدواب ويصلح لمخالطة
المصالح العدمات الحسن ومعانات الزراعات

وشق الاحجار

وشق الانهارات وحفر الابار وما يشا
كل ذلك من الاعمال ويصلح للنزهة والسيران
وعمل الاطعمه والاسمطه ومن ولد فيه ذكر كان
او انثي كان مباركا صالحا واما بخوره بابونج
ويكون القول على منزلة سعد السعود
وهذه صفته ∴ وله حرف الخاء
اذا نزل القمر بسعد السعود وهو كوكب
ممتزج الجوهر من الارض والهوي تنحط
فيه الي العالم روحانية تمحوا اثار ما كان
قبلها وتصلح لجميع الاعمال فابتدي فيه
بعمل المحبة والمودة وبما شيت من الافعال
المتعلقة باصلاح القلوب وعالج فيه
الروحانية وانصب فيه الطلسمات واتصل
فيه بالملوك والروسا وارباب المناصب
وتجبرهم وافعل ما تريد من افعال الوربيح
عملك ومن ولد فيه ذكرا كان او انثي كان
مباركا يحب الصالحين بخوره عود بي ومسك

القول على منزلة سعد الاخبية وهذه
صفته ∴ وله حرف الذال اذا نزل
القمر ∴ بسعد الاخبية وهو كوكب
رباعي نحس تنحط فيه الى العالم روحانية
تعمل القطيعة والفتن والبغضة والفرقة
والحروب ولا تتم فيه الاعمال فان تمت كانت
غير محمودة العاقبة ولا تعالج فيه المرضى
ولا معالجات الروحانيات ولا تنصب فيه
الطلسمات ولا تدبر فيه صنعة الكيميا
ولا السيميا ومن ولد فيه ذكرا كان او انثى
يكون فاجرا كفارا او البخور لذلك لبان
ذكر وفلفل وعنزروت القول على منزلة
الفرغ المقدم وهذه صفته وله
حرف الضاد اذا نزل القمر ∴
بالفرغ المقدم وهو كوكب مائي سعيد
تنحط فيه الى العالم روحانية تعمل فيه
وتثير فيه الشهوة وتنشط النفوس بالمودة

ونفع للتدبير

وتصلح لتدبير صناعة الكيميا والمعالجات الروحانيات
ونصب الطلسمات وعلم السيميا وتجمع فيه
الادوية النافعة ويدخل فيه على الملوك
والروسا وتخلط فيه السموم ومن ولد فيه
كان محمود العاقبة وتخوره لبات ذكر وحبه
سودا او زعفران القول على منزلة الفرغ
المؤخر وهذه صفته وله صرف النظا[ر]
اذا نزل القمر • بالفرغ المؤخر وهو
كوكب ماي سعيد يختط فيه الى العالم
روحانيه تدبر فيه الافعال الغير محموده
العاقبة كما تقدم القول في المنازل النحيسة
ويتجنب فيه الحرب ولقا العدو والخصوم
وتستقل فيه الملوك الدما فلهذا يصلح
فيه الفصد والحجامة وايضا عمل الترياقات
والعقود وفيه يحمد الجماع من النسا
والرجال ويصلح لدخول الحمام واخذ الشعر
والظفر وشرب الادوية النافعة ومن

ولدقيه كان نحسا فاجرا مكارا غدارا وبخوره
ملفل ودارصيني القول على منزلة الرشا
وهذه صفته وله حرف الغين
اذا نزل القمر بالرشا وهو بطن الحوت ⁘
وهو كوكب ماي سعيد والافعال بحظ منه
الى العالم روحانية محمودة العاقبة ويعمل
فيه الاعمال الحسنة والافعال الجيدة العاقبة
ويدبر فيه صناعة الحجر المكرم والجوهر
المطلسم ويعالج فيه الروحانيات وجميع الاعمال
فيه محمودة العاقبة ويصلح للسفر والزواج
ولبس الثياب الجدد وتفصيلها والنقلة
من مكان الى مكان اخر ومخالطة الحكما
والروساء ومن ولد فيه كان مباركا ذكرا
كان او انثي وبخوره حبه سودا الفصل
الخامس في اسرار بسم الله الرحمن الرحيم
وما لها من الخواص والبركات الخفيات
اعلم وفقني الله واياك ان من داوم

عليها

ما اودع الله تعالى في بسم الله الرحمن الرحيم
من الاسرار لم يحرق بالنار وكذلك من كتبها
واتقنها لم يحرق بالنار وقد ذكر
ان بسم الله الرحمن الرحيم لما انزلت اهتزت
الجبال لنزولها وقد قالت الزبانية لم يدخل
النار من قراها وهي تسعة عشر حرفا
على عدد الملايكة الموكلين بالنار اجارنا
الله تعالى منها ومن اكثر من ذكرها رزق
الهيبة عند العالم العلوي والسفلي
وهي اول ما خطه القلم العلوي على الصفح
اللوحي وهي التي قام بها ملك سليمان ابن
داوود عليهما السلام ومن كتبها مائة مرة
وحملها معه رزق الهيبة في قلوب
الخلايق وقد حكى عن عبد الله بن عمر رضي
الله عنهما انه قال من كانت له حاجة
الى الله تعالى فليصم الاربعا والخميس
والجمعة فاذا كان يوم الجمعة تطهر وراح

الى الجامع وتصدق بصدقة قلّت او جلّت
ما بين الرغيف الى ما دون ذلك وما كثر فهو
افضل فاذا صلى الجمعة قال بعدها اللهم
اني اسالك باسمك بسم الله الرحمن الرحيم
لا اله الا هو عالم الغيب والشهادة هو
الرحمن الرحيم واسالك باسمك بسم
الله الرحمن الرحيم الله لا اله الا هو الحي القيوم
لا تاخذه سنة ولا نوم الذي ملأت عظمته
السموات والارض واسالك باسمك بسم الله
الرحمن الرحيم الله لا اله الا هو الحي القيوم
الذي عنت له الوجوه وخشعت له
الاصوات ووجلت من خشيته القلوب
اسالك ان تصلي وتسلم على سيدنا محمد وال
محمد وان تعطيني حاجتي وهي كذا وكذا
وتسميها وكان يقول لا تعلموها لسفهائكم
منكم فيدعوا بعضكم على بعض فيستجاب لهم
وروي عن النبي صلى الله عليه وسلم انه قال

يا بنية لسمر

ولهم اذكار واعمال تناسبهم وتنال
بهم استمدادهم ولهولاء الاربعة
املاك ايام تختص بهم فجبريل عليه
السلام من الايام يوم الاثنين لانه بارد رطب
واسرافيل عليه السلام من الايام يوم الخميس
وهو حار رطب وعزرايل عليه السلام من الايام
يوم السبت اذ هو من نسبته بارد يابس
طبعه التراب والموت والفنا وميكايل عليه
السلام من الايام يوم الاربع وهو ممتزج
فيه من الطبايع الاربعة ولهم اربعة
خواتم خاصة بهم ياتي ذكرها ان شاء الله
تعالى وهي المتسع الى جبريل عليه السلام
والمربع الى اسرافيل عليه السلام والمثلث
الى عزرايل عليه السلام والمثمن الى ميكايل
عليه السلام واما اوفاقهم التي اشرنا
اليها فهذه صفتها كما ترى فافهم
ترشد وبالله التوفيق

هذا وفق القمر جبرائل

٤	٩	٢
٣	٥	٧
٨	١	٦

هذا وفق عطارد ميكائيل

٨	١١	١٤	١
١٣	٢	٧	١٢
٣	١٦	٩	٦
١٠	٥	٤	١٥

٤٥	٤٩	٣٥	٥٧	٢٥	٦٥	١٥	٧٣	٥
٤	٤٤	٤٨	٣٤	٥٦	٢٤	٦٤	١٤	٨١
٨٠	٣	٤٣	٤٧	٣٣	٥٥	٢٣	٧٢	١٣
١٢	٧٩	٢	٤٢	٤٦	٣٢	٦٣	٢٢	٧١
٧٠	١١	٧٨	١	٤١	٥٤	٣١	٦٢	٢١
٢٠	٦٩	١٠	٧٧	٩	٤٠	٥٣	٣٠	٦١
٦٠	١٩	٦٨	١٨	٧٦	٨	٣٩	٥٢	٢٩
٢٨	٥٩	٢٧	٦٧	١٧	٧٥	٧	٣٨	٥١
٥٠	٣٦	٥٨	٢٦	٦٦	١٦	٧٤	٦	٣٧

اعمل وفقني الله

اعلم وفقني الله واياك ان هذه الاوفاق
لها تاثير عظيم عن تدبرها وجدها
صحيحة جدا فليعمل بها ما اراد وليتقي
الله تعالى فهو احسن واجمل واما وفق
الخميس فهو المشتري وملكه اسرافيل
عليه السلام وهذه صفته فتدبره والله يقول
الحق وهو يهدي السبيل فاذا اردت عملا
من الاعمال الالهية تكتب خاتمه بعدده
وحصره
ومحنه وان
اضفت
اليه
اسم المطلوب
فاما المتسع
فيكتب في
الكاغض
الابيض

١	١٧	٦٠	٤٤	١٤	٣٠	٥٥	٣٩
٢٥	٩	٣٦	٥٢	٢٢	٦	٤٢	٦٣
٤٦	٦٢	٢٣	٧	٣٣	٤٩	٢٨	١٢
٥٤	٣٨	١٥	٣١	٥٧	٤١	٤	٢٠
٣٥	١١	٢٦	١٠	٤٨	٦٤	٢١	٥
٥١	٤٣	٣	١٨	٥٦	٤٠	١٣	٢٩
١٦	٣٢	٥٣	٣٧	٣	١٩	٥٨	٤٢
٢٤	٨	٤٥	٦١	٢٧	١١	٣٤	٥٠

وفي فضة بيضه خالصه في يوم الاثنين عند طلوع
الشمس وهي ساعة القمر فان كان عملك للخير فاكتبه
اذا كان القمر زايد النور وان كان في شرفه
او في سعده سالما من النحوس كان ابلغ وتتكلم
عليه بما نذكره لك فانك تنال به املك وتدرك
به مرغوبك ان كان عملك لله فيه رضا واما اذا
كان لمعصية مثل الحرمان عدم الاجابة ولمن اردته
بخير ذلك من الانتقام من الاعدا المضرين او من
الظالم او جبار فليكن القمر في المحاق والاحتراق
متصلا بزحل او المريخ واياك ان تعمله الى
غير مستحقه واياك والتشفي والعياذ
بالله تعالى ولمن صبر وغفر ان ذلك لمن
عزم الامور ومن عفى واصلح فاجره على الله
ولمن انتصر بعد ظلمه فاولئك ما عليهم
من سبيل ويتبخر للخير بالدخن الطيبه
وللشر بضدها فان كان القمر عند عملك
في برج رباحي علق عملك للربح وان كان

ناريا فخذ النار

ناريا فني النار او معلق على النار وان كان
القمر في برج مائي فارسل عملك مع الما وعلقه
على الماء واد فنه الى جانب الماء وان اردت
ارساله فيكون في جعبه قصب فارسي
مطموس عليها بالشمع ونقول عليه ما ياتي
بيانه من الكلام وان كان القمر في برج ترابي
فتدفن عملك في التراب تحت عتبة
بابه او بابك ان اردت جلبه اليك
ولو كان الخليفة لاجابك ولباك واما
الذي تتكلم عليه للخير فهو هذا الكلام
تقول اللهم اني اسئلك باسمائك الحسنى
كلها الحميدة المجيدة التي وضعت على كل
شي دلها واذا طلبت بها الحسنات
ادركت واذا صرفت بهن الحسنات
صرفت وبطلما تلك التامات التي لو ان ما
في الارض من شجرة اقلام والبحر يمده
من بعده سبعة ابحر ما نفدت كلمات الله

ان الله عزيز حكيم يا كافي يا ولي يا روف
يا لطيف يا رزاق يا ودود يا فتاح يا واسع
يا كريم يا وهاب يا باسط يا ذا الطول
يا ذا الفضل العظيم يا معطي يا مغني
يا رحمن يا رحيم يا غني يا مغيث يا حنان
يا منان يا جواد يا منعم يا محسن اللهم
اغنني بحلالك عن حرامك وبطاعتك عن
معصيتك وبفضلك عمن سواك يا ارحم
الراحمين واسالك باسمك الذي لا اله الا
هو الجليل الرحمن الرحيم اللطيف العليم
الروف الغفور المومن المهيمن المجيب
المعين القريب السريع الكريم ذو الجلال
والاكرام ذي الطول المنان واعلم
ان حامل هذه الاسما تكرم اخلاقه وتجود
بالكرم والرحمه للناس وكذلك الناس له
ونيتا هدون له من معاني اللطف عجايب
ويجعل له قبول صوره ويحل ظاهره وباطنه
لان فيه اي

لان فيه اسم الله العظيم الاعظم الذي
اذا دعي به اجاب واذا سال به اعطى
وهي من اعظم الاذكار واشرفها
وما استدام احد على ذكرها الا كشف له
عن علوم غزيره ونيسر الله له تعالى المطلوب
ورزق المرغوب في الامور المعاد له
ومن ذكرها في نصف الليل شاهد
من العجايب على قدر همته ومداومتها
تفتح الاسرار المكنونه ولا يستديم
احد ذكرها الا ويرى من امور العالم
نسيم اسرار من الكون العلويه
ويسخر له كل عالم من الملايكه والانس
والجن واهل التصوير وهي الكلمات
التامات وفيها بدايع الاسرار فاسمه
الكافي لا يذكره احدا وهو يتمنا شي
لم تبلغه امنيته الا بلغه الله ذلك
من حيث لا يعتمد عليها ولم تخطر

ببا له ولا يذكره من هو في رتبت
واهبه وهمته تطلب اعلا منها الحج
بيسر الله عليه الوصول اليها لا بكنز تعبين
ولا تقدر شي من حالة كان تجدها ومن
استدام على ذكره رجع اليه ما فقده
وذكر له الاطلاع انه من استدام
على هذا الذكر الى ان يغلب عليه لله حال
على خلو معدي من الطعام وامسك النار
لم تضره ولو تنفس حينئذ على
قدر يغلي على النار سكن غليانها باذن
الله تعالى لانه يضف اليه الحليم والمنان
يقول يا حليم يا روف يا منان ومن كتب
هذا الذكر في ساعة القمر يوم الاثنين اول
الشهر وقابلا به من نخاف شره اطفا
الله تعالى شره عنه عدد راتبه ولا يستديم
احد على هذا الذكر بالاسما الثلاثة من
غلبته شهوته الى نزعها الله منه

النزوع الاهلي

النوع الكلي في انني الذكر قيل لما
انزلت بسم الله الرحمن الرحيم
فرحت اهل السموات من الملائكة واهتز
العرش لنزولها ونزل معها من الملائكة
كذا الذا الف ملك وزادت الملائكة ايمانا
وخرت الجان على وجوهها وتحركت الافلاك
وزلت لعظمتها الاملاك وكانت
بسم الله الرحمن الرحيم مكتوبة
على جبهة ادم عليه السلام من قبل ان
يخلق بخمسمائة عام وانها مكتوبة على
جناح جبرائيل عليه السلام يوم نزل على
الخليل ابراهيم عليه السلام وقال بسم
الله الرحمن الرحيم يا نار كوني بردا وسلاما
على ابراهيم وان بسم الله الرحمن الرحيم
كانت مكتوبة على عصات موسى عليه السلام
وكانت كتابتها بالسريانية ولولاها
ما انفلق له البحر وان بسم الله الرحمن الرحيم

مكتوبه على لسان عيسى ابن مريم عليه السلام
يوم تكلم في المهد وكان يتكلم بها
على الموتى فيحيون باذن الله تعالى
وان بسم الله الرحمن الرحيم كانت
مكتوبة على خاتم سليمان ابن داود عليه
السلام ومن فضايلها انها مكتوبة
في اول كل سورة في القران العظيم
ومن خواص بسم الله الرحمن الرحيم
اذا تلاها الشخص عدد حروفها
سبعمايه اربعه وثمانين مرتا سبعة
سبعة ايام على نية اي امر كان
تم له ذلك من جلب نفع او دفع
ضر او ضاعت كسرته فانها
ترجع باذن الله تعالى واذا كتب
بسم الله الرحمن الرحيم عند النوم
احدى وعشرين مرة امن تلك الليلة
من الشيطان الرجيم وامن من السرقة
ومن موت

وين مون النجاه وندفع كل بلايم واذا
تليت بسم الله الرحمن الرحيم في وجه
ظالم حسون من تاذل له والقى الله تعالي
هيبته في قلب ذلك الظالم او الجبار
وامن من شره واذا تليت بسم
الله الرحمن الرحيم مايه مره علي اي وجع
ان كان مدة ثلاثه ايام زال ذلك
الوجع باذن الله ومن خواص بسم
الله الرحمن الرحيم اذا تليت عند طلوع
الشمس وانت مقابل لها ثلاث مايه
مره وصليت علي النبي صلى الله عليه وسلم
مايه مره رزقه الله تعالي من حيث
لا يحتسب ولا يحول عليه الحول الا وقد
اغناه الله تعالى من فضله وتجب الملازمة
على ما ذكرناه فافهم ومن خواص بسم
الله الرحمن الرحيم اذا تلاها المسجون في كل
يوم وفي كل ليله الف مره الا فرج الله عنه

ولو كان مسجونا على قتيل ومن خواصها
اذا تليت بسم الله الرحمن الرحيم يوم
الجمعة والخطيب على المنبر مائة وثلاثة
عشر مرة ثم رفع يديه وابتهل الى الله
عند دعاء الخطيب على المنبر واقسم
على شيء في خاطره ادركه باذن الله
تعالى ومن خواصها اذا تليت بسم
الله الرحمن الرحيم على قدح من الماء
عددها المذكور كما تقدم وسقاه ذلك
الماء فانه يحبه حبا شديدا وخصوصا
اذا كان في الحلال . واذا سقيه
من ذلك الماء الى البليد عند طلوع
الشمس سبعة ايام زال عنه ما كان به
من البلادة وحفظ كل شيء سمعه باذن
الله تعالى واذا تليت عند نزول المطر
بنية الاستسقاء لاي موضع كان من
الارض الى سقاه الله تعالى ذلك اليوم

ولو كان القاري

ولو كان القاري بالمشرق والموضع
الذي يريده بالمغرب واذا تليت بسم
الله الرحمن الرحيم بعد صلاة الصبح بنية
صالحة وقلب خاشع مدة اربعون يوما
افاض الله تعالى عليه غوامض الاسرار
ورأى في منامه كل شي يحدث في العالم
واما عدد تلاوتها المفتاح وهي مائة مرة
في كل يوم ويكون ملازم الرياضة من كل
ذي روح وما خرج من روح فانه يرى عجبا
ويلتمس ما ينال امره اعلم يا اخي وفقني
الله واياك الى طاعته اني ما صرحت
بهذه البسملة وخواصها الا لينتفع
بها في طاعة الله تعالى والله عليك الله
لكفيل ووكيل فاذا اردت العمل بها
لقضاء الحوائج والدخول على الملوك
فصم يوم الخميس ولا تفطر الى ليلة
ذبيب اذنم وتصلي المغرب وتتلوها

مابه واحدي وعزون مرتا وعند اخذ
مصحفك تتلوها في كل يوم الى ان يغلب
عليك النوم فاذا اصبحت يوم الجمعة
تصلي الصبح وتتلوها العدد الاول الذي
في صلاة المغرب وتكتبها في كاغض
بالزعفران ومسك وماورد وتبخرها بعود
وعنبر وكتابتها العدد المذكور ثم لا
يحمل ذلك الكتاب رجل او امراة الا
وصار في اعين الناس كالقمر المنير وكان
عزيزا مهابا وجيها مطاعا محترما
وكل من راه احبه وقضى حاجته
والقى هيبته ومحبته في جميع الخلق
وهذه الصفة المذكورة تكتبها ايضا
مكسرة على هذه الصفة ب س
م ا ل ل ه ا ل ر ح م ن ا ل ر ح ي م
واعلم ان الباء بهاء الله تعالى
والسين سناه والميم مجده وملكوته
والف

والف ازليته واللام لطفه والها هو الله
الذي لا اله الا هو والالف امره واللام له
الملك والحاء باقي والراء رءوف رحيم
والميم ملكه والنون نعمته والالف الرحيم
كذلك فاذا كتبت من البسمله ب هكذا
احدى وعشرين مرة وتلا عليه البسمله
بنية صادقه مائة مره ووضعه في ماله
زادت البركه فيه ونمي واذا كتبت
س هكذا عشرين مره واضاف اليها
هذه الاحرف وهي كما ترى س ل ام
ع ل ي ت و ح ف ي ال ع ا ل
م ي ن وسقاها الى الملسوع افاق
عافيه من الوجع وعافاه الله تعالى واذا
كتبت هكذا ام في ورقه ونظر الى
حرف الميم كل يوم اربعين مره وهو
يقرأ قل اللهم مالك الملك تؤتي
الملك من تشاء وتنزع الملك ممن تشاء

وتذل من تشا بيدك الخير انك على كل شي
قدير تولج الليل في النهار وتولج النهار
في الليل وتخرج الحي من الميت وتخرج الميت
من الحي وترزق من تشا بغير حساب
وحملها لم يدري من اين ياتيه الخير
ويبارك الله له فيما قلبت يده ويبهمه
الله تعالى الى فعل الخير واذا كتبت
الرحمن خمسين مره في ورقه وتلوت عليها
بسم الله الرحمن الرحيم مايه وخمسين
مره وحملتها ودخلت بها على السلطان
او على رجل ظالم او جبار امنت من شره
ولم يناك منه سو ولا مكروه واذا
تلوت البسمله كل يوم الف مره بهمه
صادقه وقلب خاشع بعد صيام ورياضه
وطهاره ويكون ذلك اربعة عشر يوما
وفي روايه ان تقراها عقيب كل
صلاه الف مره المده المذكوره فانه
ينظر الى الملايكه

ينظر الى الملائكه والروحانيون ويكلمهم
ويكلموه ويخدموه ويكونوا له في جميع
اموره ويصرفهم في العالم ويطيعوه
في كل ما يروم ان شا الله تعالى واذا كتبت
الرحمن مكسوره هكذا احروف ن مح رل ا
وتكتب ايضا اسم من تريد واسم امه
ملسورني وتكسرهن وتبسطهم تحت
نعالهم في ساعه سعيده وتقابل ذلك
الشخص فاذا انظر اليك فانه يقضي
لك جميع ما تريد ولو امرته ان يلقي نفسه
في النار لفعل ذلك فاذا كتبت الرحمن
هكذا ا ل ر ح م ن مرات وكتبت ايضا
اسم خادم الذي هو كيتز الهياق ودفنت
ذلك الكتاب في البيت وتنقله تجد بعد ان
تقول اللهم اني اسالك بحق بسم الله الرحمن
الرحيم واسالك بحق اسمك الرحمن ان تمنع هذا
الخادم عن الهياق يا رب العالمين

فان الخادم يتوب من الاباق والهروب
ولن يخرج من البيت الذي هو فيه ولم
يهرب هلبته واذا كتبت الحمى على
سكين بولاد دتصا بهامتها وبها
وتلوق عليها ما كتبت تلتما بد ولا حرى
وتلا ثني كره وذبحت بها ديكا
وعزلت راسه من بدنه مشيا بلا
راس وتاخذ بعد ذلك راس الديك
وتدفنها تحت عتبة الدار فانه
يهرب جميع الحشرات الموذيات وكذلك
جميع الجان واذا قليت راس ذلك الديك
في زيت طيب ورفعت ذلك الزيت
في قارورة فمن كان به الحمة المثلثة
وادهن من ذلك الزيت نفعه ذلك
نفعا عظيما واذا البيتة المراة في
قطنة وكان بها النزيف نفعها باذن
الله تعالى واذا كتبت الى جبهم ما يتبع نفعه
وعافاني مرة

وثمانين مره وحملت ذلك الكتاب
ودخلت الي الحرب في المعركة لم يعمل
فيك سلاح ولا يحصل لك ضرر وكل من
لقاه هرب من بين يديه وذلك باذن
الله تعالي واذا كتبت اسم الرحيم
في ورقه احدي وعشرين مرة وعلق
على صاحب الصداع ذال ذلك عنه
باذن الله تعالي واذا كتبت اسم الرحيم
في كف مصروع وتكلم به في اذنه سبع مرات
افاق من ساعته باذن الله تعالي واذا كتبت
الاسم المبارك الرحيم على سبع حبات لوز
بابره نحاس احمر يوم الجمعه في ساعة الزهره
وهي اول ساعة عند طلوع الشمس وقرات
الاسم الشريف بعدده على ذلك اللوز واطعمتهم
الي من تريد احبك حبا شديداً اما عليه
من مزيد واذا كسرت اسم الرحيم على هذه
الصفة مرح ي ارك في قطعت من جلد نمر

اوجلد فهد وحملها ضعيف القلب لتشجع
قلبه وقويت همته واذا اكتبت اسم الرجيم
هكذا ا ا ول اي مح في مراة جديدة بيوم
الاثنين عند طلوع الشمس واكثر المطالعة
فيها صاحب اللوقة عافاه الله تعالى منها
واذا اكتبت هذا الرجيم علي هذه الصفة
ال رح ي م في خاتم فضة وزنه درهمين
رزق الله تعالى حامله الجاه والهيبة
والجلاله والطاعة وان اردت تدمير ظالم
اوقطع الجبابرة الفساق والمتردين
اكتب جدول البسملة في قطعة رصاص
وتضع اسم المذكور في جدول الخاتم
وتبخره بالحلتيت والثوم الاحمر ثم
تدفن الخاتم الي جانب نار دائمة الوقيد
واياك ان تلحق النار الى الرصاص فان
المعمول له ذلك يموت ويهلك وانت
المطالب به يوم القيمة وهذه صفة
الخاتم كما ترى

الخاتم كما ترى والله يقول الحق وهو يهدي
السبيل وهذه الاسما الذي تقولها

على الخاتم
المذكور اللهم
اني اسالك
بحق اسمك
العظيم
وهو بسم
الله الرحمن
الرحيم

بسم	الله	الرحمن	الرحيم	فلان
الرحيم	فلان	بسم	الله	الرحمن
الله	الرحمن	الرحيم	فلان	بسم
فلان	بسم	الله	الرحمن	الرحيم
الرحمن	الرحيم	فلان	بسم	الله

الذي عنت له الوجوه وخضعت له الرقاب
وخشعت له الاصوات وعنت له الوجوه
ووجلت من خشيته القلوب اسالك اللهم
ان تصلي وتسلم على سيدنا محمد صلى الله
عليه وسلم وان تقضي حاجتي في فلان
بن فلانه اللهم ان كنت تعلم يرجع عما
هو فيه فاهديه وان كنت تعلم انه لا يرجع

عما هو فيه فانزل عليه بلايك وغضبك وسخطك
واهلكه يا قاهر يا قهار يا قادر يا مقتدر
يا الله يا الله سبع مرات وتدعوا بهذه الدعوة
سبعمائة مرة فان الظالم اما يهديه الله
تعالى او يهلكه فاتق الله تعالى والله
الموفق للصواب واذا كتبت البسملة
كما سنا رسمه لك في وسط دايرة وتكتب
في الدايره وحولها قوله تعالى محمد رسول
الله والذين معه اشدا على الكفار رحما
بينهم تراهم ركعا سجدا الى اخر السوره
وبخرتها بكل ذي رايحة طيبة في وقت
سعيد وحملتها فانك تصير مهابا معظما
مكرما عند كل الناس ولا يراك احد الا احبك
وطلب مصاحبتك ومرافقتك حتى ان
النسا تميل اليك والى معاشرتك فاتق
الله تعالى وهذه صفة الدايره في الورقة
الاتيه التي تلي هذه كما ترى واذا كتبت البسملة

بحيص

جميعها والقمر في الحوت والطالع سعيد
في رق غزال وحملها معه بعد ان يقري
على الرق عددها الوافقة عليها فانه
ان عاش كان سعيدا وان مات كان شهيدا
ولم يري في نفسه ما يكره ابدا ببركه
البسمله اعلم يا هذا وفقني الله واياك
الي طاعته علي ان بسم هو الاسم المضمر
والله تعالي هو الاسم الاعظم والرحمن الرحيم
يصف بها نفسه فهو رحمان الدنيا
ورحيم الاخرة فالحمد لله رب العالمين فبالله
بسم الله الرحمن الرحيم وبسم الله فبالله
الحمد لله رب فبالله الرحمن العالمين فبالله
الرحيم وهذه الدايره المذكوره
كما ترى مكتوبه في ظهر هذه
الصفحه

واعلم ان ذلك كله معتبر في قوله ملك يوم
الدين يريد من الدين ظهور الربوبية فهو ملك
ومالك

ومالك ومليك بتجلية العقول والانوار والطايف
بيوم الدين بالصفة الملكية فيكون ملك بالملوك
ويتجلي النفوس بالقهر والملك فيكون مالك
بيوم الدين ويتجلي لذوي الرفعة في الدار
الدنيوية بالفلك فيكون ملك الملوك ويتجلي
لذوي القربات بالمليك لقوله تعالى في مقعد
صدق عند مليك مقتدر فافهم سر هذه اللطايف
الالوهية وهذا كله في بسم الله الرحمن الرحيم
وان البا التي في الاسم ليوصل الخير مع
جميع العوالم الي الملك الحق وترفع الندا
باللسان اللطيفي فبسم الله صعودا
لا هبوطا له والرحمن الرحيم هبوط الحب
المثالي كما ان بسم الله طلوع الي المبدا
الاول ففيها سر المبتدا والمنتهي وفيها
مراتب التوحيد لان بسم الله قبالة شهود
الله قبالة الله وفيها مراتب الملايكة قبالة
الرحمن واولو العلم قبالة الرحيم وكذلك

نسبة العالم للتربيعي وهو قوله تعالى اولئك
الذين انعم الله عليهم من النبيين فالنبيين
نسبة من الى بسم والله ومن الصديقين نسبته
من الله الى بسم التي هي مراتب النبيين والشهدا
من الرحمانية الى الرحيمية والصالحين من الرحيمية
الى الرحمانية فذلك تتابع الدرج في الصعود الى
بسم الله الرحمن الرحيم فاول دايرة بسم
الله كاخرها وباطنها كظاهرها وبها اقام
الله شجرة الاكوان واظهر بها سر الثقلين
وكيف لفرعت العوالم من بسم الله الرحمن الرحيم
وجا في الحديث الشريف من جا يوم القيامة
وفي صحيفته بسم الله الرحمن الرحيم ثمانماية
مرة وكان مومنا موقنا بربوبيته اعتقه
الله من النار وادخله الجنة دار القرار
يا عيسى لتكن بسم الله الرحمن الرحيم في
افتتاح قراتك وصلاتك فانه من يعملها
في افتتاح قراته وصلاته لم يرعبه
منكر ونكير

منكر ونكير اذ اماته علي ذلك ويهون الله
عليه الموت وسكراته وضيقة القبر وكانت
رحمتي عليه وافسح له في قبره وانور له في
مد بصره واخرجه من قبره ابيض الجسم
ووجهه يتلالا نورا واحاسبه حسابا
يسيرا واثقل ميزانه واعطيه النور التام
علي الصراط حتي يدخل الجنة وامر المنادي
ينادي عليه في عرصات القيامة بالرضوان
والمغفرة قال عيسي عليه السلام
يا رب هذا الي خاصة قال هو لك خاصة
ولمن اتبعك واخذ باخذك وقال بقولك
ويكون ذلك لمحمد وامته من بعده فاخبر عيسي
عليه السلام بذلك اصحابه فلما رفع عيسي
عليه السلام الي السما وانقضت الحواريون
جا اخرون فضلوا واضلوا وغيروا وبدلوا
واستبدلوا بالدين دينا فرفعت اية
الايمان من صدور النصاري والرهبان

وبقيت في صدور اهل الانجيل حتى يبعث
الله تعالى نبينا وحبيبنا محمدا صلى الله عليه
وسلم فكتبت على روس السور والدفاتر
وروس الرسايل وحلف رب العزة بعزته
لا يسميه عبد مومن على شي الا وبارك له فيه
وروي عنه صلى الله عليه وسلم انه قال
من قرا بسم الله الرحمن الرحيم وكان مومنا
سبحت معه الجبال الا انه لا يسمع تسبيحها
وقال النبي صلى الله عليه وسلم اذا قال العبد
بسم الله الرحمن الرحيم قالت الجنة لبيك
وسعديك اللهم ان عبدك فلان قال بسم
الله الرحمن الرحيم اللهم زحزحه عن النار
وادخله جنتك وروي عن النبي صلى
الله عليه وسلم انه قال ان من امتي قوما
ياتون يوم القيامه وهم يقولون بسم
الله الرحمن الرحيم فتثقل حسناتهم على
سياتهم فتقول الامم سبحان الله ما ارجح

حسنات امة محمد صلى الله عليه وسلم
فتقول لهم انبيا وحصر اتماذلك لانه كان
ابتدا كلام مهم ثلاثه اسماء من اسما الله العظام
لو وضعت في كفه الميزان ووضعت السموات
والارضون وما فيهن وما بينهن في الكفة
الثانية لرجحت عليها وهي بسم الله الرحمن الرحيم
ثم قال وقد جعلتها امانا من كل بلاء ودوا
ولكل داء وحرزا من الشيطان الرجيم وقد
امنت هذه الامة من الخسف والقذف والمسخ
والغرق وببركتها فتفتح ابوابها الى ذو الجلال
والاكرام وقال الحسن البصري في قوله
تعالى واذا ذكرت ربك في القران وحده
ولوا على ادبارهم نفورا قال يعني
ذلك يعني من بسم الله الرحمن الرحيم
وقيل في قوله تعالى والزمهم كلمة التقوى

انها كانت بسم الله الرحمن الرحيم ومن كتبها
وجودها اعظاما لها كتب عند الله تعالى
من المقربين وروي عن جريج عن عكرمة
انه قال كان الله تعالى ولا شيء معه فخلق
النور ثم خلق من اللوح والقلم ثم امر
القلم ان تجري على اللوح بما هو كائن الى
يوم القيامة فاول ما كتب القلم في اللوح
المحفوظ بسم الله الرحمن الرحيم فجعلها الله
امانا لخلقه ما داموا على قراءتها وهي قراءة
اهل السموات السبع واهل سرادقات
الحمد من الملائكة الكروبيون والصافين
والمسبحين واول ما نزل على ادم عليه
السلام حين اهبط وهي بسم الله الرحمن الرحيم
فقال ادم الان علمت ان ذريتي لا تعذب
في النار ما دامت عليها ثم رفعت بعده
الى زمن الخليل ابراهيم عليه السلام
فانزلت عليه وهو في المنجنيق فنجاه الله
تعالى بها

تعالى بها من النار ثم رفعت من بعده
الى زمن سليمان بن داوود عليهما السلام فانزلت
عليه فقالت الملائكة الان تم الله ملكك
يا سليمان يا بن داوود وامره الله ان ينادي
في جميع الاسباط والزهاد والعباد الا من
اراد ان يسمع اية الامان فليجتمع الى
سليمان ابن داوود عليهما السلام في محراب
ابيه قال فاجتمعوا اليه فقام سليمان عليه
السلام ورقي الى المنبر وقرا عليهم اية
الامان   بعض النسخ اية الامان هي
بسم الله الرحمن الرحيم فلما ان سمعوها
امتلوا فرحا وقالوا نشهد انك رسول الله
حقا يا بن داوود ثم رفعت بعده الى زمن
موسى بن عمران عليه السلام وانزلت عليه فيها
قهر فرعون وقارون وجنوده واتباعه
وهامان واتباعه ثم رفعت بعد موسى
عليه السلام الى زمان عيسى عليه السلام

واوحى اليه يا ابن مريم اما علمت اي اية
انزلت عليك قال بلى يارب فقال له يا عيسى
انزلت عليك اية الامان وقيل الايمان
وهي بسم الله الرحمن الرحيم فالزم قراءتها
في ليلك ونهارك وسيرك واقبالك وقعودك
وادبارك وقيامك واكلك وشربك وفي جميع
احوالك فان من جا يوم القيامة وفي صحيفته
ثمانماية مرة وقد وقد تقدم الحديث وحكي
عن بعض الصالحين انه اتى الى بعض الاوليا
يزوره ويلتمس من بركته فوجد الناس
مجتمعين على بابه ينتظرون خروجه
وكان قوس قزح منتصب على بابه فبينما
الناس كذلك واذا بالشيخ قد فتح الباب
وخرج ثم وضع رجله على قزح وقال بسم
الله الرحمن الرحيم ثم مر على القوس قزح
حتى نزل من الجانب الاخر والناس ينظرون
اليه فقال الرجل الذي اتى الى زيارته

وكان يقال له

وكان يقال له الشيخ المليجي لما راي فعل
الشيخ صاح وقال اواه سبق الرجال ونحن
هكذا الى الله تعالى ثم اخذ الشيخ في الجد
والاجتهاد حتى لحق بالافراد قال وكانت
الرجل الذي مر على قوس قزح المذكور ابو عبد الله
الرجراجي رضي الله عنه فانظر يا اخي
ما في بسم الله الرحمن الرحيم واسمع واصنع باذنيك
الى قول الله عز وجل انه من سليمان وانه بسم الله
الرحمن الرحيم ان لا تعلوا علي واتوني مسلمين
فكيف طاعت بلقيس ودخل الايمان في
قلبها ووقع موقعه كل ذلك ببركة بسم
الله الرحمن الرحيم وفيها من الاسرار والافعال
وجلب القلوب والاجساد ما تسر به القلوب
وتبتهج به النفوس واعلم يا اخي ان بسم
الله الرحمن الرحيم تسعة عشر حرفا كما تقدم
فيها عشرة احرف غير مكررة وهي هذه
ب س م ا ل ه ر ح ن ي وتكررت فيها

الميم ثلاث مرات واللام اربع مرات والرا
مرتين والبا لم تتكرر والها كذلك لم تتكرر
والبا كذلك لم تتكرر والسين لم تتكرر فكان
المتكرر تسعة احرف وهذه صفتهم
ا ل ر ح وتكرر فيها الميم م م م والالف
ااا والرا ر ر والحا ح ح فحصل من هذا
ان بسم الله الرحمن الرحيم عشرة احرف غير
مكرره منها البا وهي التوصل الخير وهو
حرف بار وكذلك افتتح به اية الامان
وحرف البا من الحروف الباقية يوم القيامه
وهي سر خفي وكذلك ان الوتر من الاسرار
من حيث الذات لانه اشارة الى
الحقيقه وهي منك اليه واعلم ان اول
صحيفة ابراهيم عليه السلام بسم الله الرحمن
الرحيم وكذلك في صحيفة نوح عليه
السلام ثم كذلك في صحيفة سليمان
عليه السلام وكذلك في اول الوحي
على رسول الله

على رسول الله صلى الله عليه وسلم لقوله
تعالى اقرأ باسم ربك الذي خلق فبدا
بسم البا تضمن بسر الالهيات والى
منك اليك وهو مضمرات الذات بعد
التجلي لقوله كي عرفتني ولما خلق
الله البا خلق معها من الملائكة احد
وثمانين ملكا يسبحون الله تعالى ويقدسونه
ومن خواص بسم الله الرحمن الرحيم عن
رسول الله صلى الله عليه وسلم انه قال
من قال حين يصبح ثلاث مرات بسم
الله العظيم الذي لا يضر مع اسمه شي
في الارض ولا في السما وهو السميع العليم
لم يصبه فجاه ابدا حتى يمسى ومن
قالها عشا ثلاث مرات لم تصبه
فجاه حتى يصبح وفي رواية لم يصبه
فالج وفي رواية لم يصبه شي وقد
اخذ خالد ابن الوليد رضي الله تعالى عنه

السم وتحساه وذلك حين بعث به اليه
عظيم الروم يعني ملك النصرانية وقال
له ان كنت صادقا فيما زعمت ان السم
لا يضر مع هذه الكلمات فاشربه قال
فاخذ سيدنا خالد رضي الله عنه السم بحضر
رسوله الذي ارسله بالسم وبحضر من
الصحابة وغيرهم ووضعه في كفه ثم قال
بسم الله الرحمن الرحيم بسم الله الذي لا يضر
مع اسمه شي في الارض ولا في السما وهو
السميع العليم ثم تحساه فلم يضره
شيئا الا رشح عرقا باذن الله تعالى
فانظر يا اخي الى هذا الاسم الكريم
كيف منع من السم وبهذا الاسم
الشريف جرت سفينة نوح عليه السلام
ونجاه الله هو ومن كان معه لقوله تعالى
بسم الله مجراها ومرساها وبها
نجا الله تعالى ابراهيم الخليل عليه السلام
من نار النمرود

من نار النمرود وجعلها الله عليه بردا وسلاما
وفيها النجاة حين تلج بيتك وحين تخرج
لقوله عليه السلام ولتقل اذا دخلت
بيتك وخرجت بالله ولجنا وبه خرجنا وعليه
توكلنا وتقولها ايضا عند غلق الابواب
فان الشيطان لا يفتح غلقا يذكر عليه
اسم الله تعالى ولا يقربه ومن بركتها
ان تقول اذا دخلت الى فراشك بسم
الله وعلى ملة رسول الله صلى الله عليه وسلم
وقال النبي صلى الله عليه وسلم لا وضوء
لمن يسمي وعن ابي داود في اكل مع
مجذوم وقال بسم الله ثقة بالله وتوكلا
عليه لم يضره منه شي وبهذا الاسم
الكريم يستشفى من العين فتضرب بيدك
على صدر العاين وتقول بسم الله اللهم
اذهب حرها ووصبها ويقولها اذا
وضع رجله في الركاب وهو يريد السفر

فيقول بسم الله الرحمن الرحيم فانه لا يناله
مكروه ابدًا واذا قال العبد المومن بسم
الله الرحمن الرحيم صغر الشيطان حتى يصير
مثل الذباب وكان رسول الله صلى الله
عليه وسلم يقولها لمن خرج من عنده
مسافرا واراد وداعه اذا ركب بسم
الله وبالله وعلى ملة رسول الله صلى الله عليه
وسلم وقيل كان رسول الله صلى الله
عليه وسلم يستفتح في سفره ويقول
بسم الله اعوذ بالله من وعثاء السفر
الى اخره في الصباح وقال النبي صلى
الله عليه وسلم لطلحة بن عبد الله حين ضربت
يده وقطعت اصابعه اما انك لو قلت
بسم الله الرحمن الرحيم لرفعتك الملايكة
والناس ينظرون فانظر هذا الاسم
الذي الملايكة ترفعه يعني قايله والشياطين
تفر عند ذكره والسم ينقطع عند ذكره

وبه البشر

وسيد البشر عرفك قدره ورب
العرش قد منحك سره وفضله فاين
بطلب مجله وفخره فلا تتحرك حركة
ولا تسكن سكنة الا بذكره وبه ترزق
وتسعد وتسلم وتنجو وكل ذلك في طي
بسم الله الرحمن الرحيم ويلسم الله كانت
عليه السلام يرتقي ويرقي من الاوجاع
وجميع الادا كله وقال بعض المشايخ
ان من كتب شكل الباسوم جمعه وقد صام
يوم الخميس وعلقه على عضده الايمن شرح
الله صدره وزال عنه الكسل واظهر عليه
البركه واراه عز البا القايم وراي انوار
الملايكه وهي اذا ظهرت هياتها العلوية
والسفلية تظهر شكلا قايما كامل الصورة
طيب الرايحه يري ذلك الكرام من الاكابر
الا انه ينطق بالبا وهو نايب النور لا يتبدل
نوره فاذا ذكر سر البا ظهر نوره على ذاته

وهو اسم من الاسما المخزونه وهذا الحرف
اذا كان في اسم من الاسما وذكره احد كان ملطوفا به
ويصلح ان نكتب الاسم الذي فيه البا لكل امر
يا يسر ولكل امر عسير يهون الله تعالى ذلك
الامر وهو من اسما الله تعالى في اسمه البر والباري
والباقي والباعث وفيه سر البقا ولذلك
من الله بها في بسم الله الرحمن الرحيم وذلك
ان الالف القايم هو اس البا وهو المنبسط
في ذات البا هكذا ال وقد ظهرت البا
ايضا في اسمه البصير وفي اسمه الباطن ففي كل
اسم معنى خاص به فالبر اهل البر يعني على الحال
البر وبر الوالدين ومن ذكره في كل يوم مايتين
وثلاثه وثلاثين مره بعد ان يمزجه باسم
من اراد ان يبره وذلك ان تاخذ مثلا اسم
عمرو وهكذا ا ع م ر و حروفا ثم خذ اول
حرف اسمه البر وتضعه في اول سطر ثم تاخذ
اول حرف من اسم عمرو وتضعه بعده الى اخر
الاسمين

الاسمين هكذا ا ع ل م ب ر ر و
ثم تاخذه وتكسره حتى يعود الاسم الاول
اخر مما تزجا كما ترى ا ع ل م ب ر ر و
فافهم ترشد والله وا ر ع ر ل ب م
يقول الحق فقد م و ب ا ل ر ب ع
ظهر الشكل الاول ع م ز و ر ب ل ا
اخر اسقط الاخر ا ع ل م ب ر ر و
يبقى اربعة اسطر ممزوجة الشبهم فيما
شئت واجعلهم في جيبك وتتكلم عليها
بهذا الكلام تقول يا رب الارباب
مربي الكل بلطيف ربوبيتك اسرع لي
بسريان من لطفك مبتهجا بحلاوة
ذلك البحر حلاوة تقذف ارواح المزناحين
بفهم اسرارك وامحى اسما من اسما
قدرتك الذي من تدرع به وقي شر
ما ذرا في الارض وشر ما يخرج منها
وما ينزل من السما وما يعرج فيها انك

لطيف حفيظ عليم واما اسمه الباري فهو
لا يبرا الورام والاسقام والباقي والباعث
فلهما خواص تاتي في موضعها ان شاء الله تعالى
ولنرجع الى ما كنا بسبيله وصدده فاما حرف
السين لما خلق الله تعالى من عالم امره انزل
معه من الملائكة لتسعة الاف وثلثمايه وثمانين
ملكا وهو اول حرف تلقى من الباء وسر
اتحادها وهو حرف من حروف ظاهر الاسم
الاعظم واما الاسم الاعظم له ظاهر
وباطن يعني السين فظاهره قامت به
السموات وباطنه قامت به العلويات
من الكرسي والعرش ولذلك وقعت السين
في اول السموات وفي ثالث مرتبة الكرسي
ولما كانت الباء متعلق بالقدرة وهي
مضمرات المضمرات لان اليها منك اليه
فانت تقول هو هو وهو يقول بي بي وان
في سورة يس اسما من اسما الحكمة من
عثر عليها

عشر عليها وكتبها ومحاها بماء طاهر وهو
مستقبل الي القبلة عدد الاسما ايام ما انطقه
الله تعالي بالحكمة وهي متوسط السورة
وعدد حروفها ستة عشر حرفا منها حرفان
منقوطان من اعلاها وحرفان منقوطان
من اسفلها وهي خمس كلمات اولها حرف
السين واخرها حرف الميم وظهر هذا
الحرف في اسمه السلام واسمه السميع واسمه
السريع والسميع هو اسم الملحين في
الدعا خصوصا فانه ربما اسرعت له الاجابة
ولذلك السريع من ذكره اياما وسال الاجابة
نالها ومن اراد حاجته من الله ان يدركها
فليرسمه في كفيه ويرفعها ويرغب بالاسم
مضروبا في الايام فما يبلغ عدده فان الاجابة
تحضره من الله تعالي بعد العدد المذكور
وعدده مضروبا في الايام اربعة الاف
ومايتين وسبعة وسبعين هكذا ٤٢٧٧ ومن

اراد رؤية الارواح فليرغب به الى الله
تعالى ان يكشف له عين اليقين فيتكلم
معهم ويسأل عما اراد يجيبوه وفيه اسرار
خفيات واعمال جليات فقس واعمل
تفصل وتتصل واما اسمه السميع من
اضاف اليه البصير ويقول يا سميع يا بصير
وكتبها في وقت صالح والقى الكتاب
على من غمي عليه افاق لوقته وهذا هو
غاية اصحاب الاسرار بالبرقه فانهم لما
اتوا اليها وجدوا على بابها ابراهيم بن
جاروح قد اغشي عليه فرسمت له الوفق
والقى عليه بعد ذكر الاسم سبعمايه مرة
فافاق وذهب عنه ما يجده باذن الله تعالى
وان رسم في ذهب وحملها الانسان
معه سمع لغات الجن وابصارهم وحكم
فيما اراد من الارواح فان دام على
الذكر بها كوشف على اسرار الخلق وابناهم
على ما في

علي ما في الضمائر وظهرت له احوال العباد
اجمع وقد شوهد هذا الاسرار واما
اسمه السلام لطلب السلامه وطلب الامان
وهو ذكر سيدنا رسول الله صلى الله عليه وسلم
يوم القيامه ويوم جواز امته علي الصراط
يقول يا سلام سلم وفي روايه اخري
عنه صلى الله عليه وسلم سلم سلم وان حرف
الميم من بسم والميم قطر من اقطار الحروف
واقطار الحروف كل حرف كان اوله كاخره
وهو الواو والميم والنون وان الميم تشير
الي الجمع لما فيه من الاحاطه ويشير الي السكون
لما فيه من هيبته وهو من حروف الوح ولما
خلق الله تعالي نورًا مستديرًا مطموسًا
بالنور وهو من حروف العقل لاحاطته
ومن تستمد الشمس في الفلك الرابع
وبسره اقام الله الملك والملكوت واظهر
العلم بالميم فاعانه على الاعمال بسر النون

الميمي وهو اخر مرتبة لبسم وفيه سر مبلغ
الاشد لقوله تعالى ولما بلغ اشده وبلغ
اربعين سنة واعداد الميم الواقعة عليه
اربعون وقد وكل الله تعالى به تسعون
ملكا من ملايكة اللوح وهو السر الذي
اودع الله تعالى في اسم نبيه محمد صلى الله
عليه وسلم في اوله وذلك بسر الملكوت
وفي وسطه بسر الملك ليجتمع له عالم
الملكوت وعالم الملك فمن نظر الى شكل
الميم كل يوم اربعين مرة وهو يقرا قوله
تعالى قل اللهم مالك الملك توتي الملك
من تشا وتنزع الملك الى قوله تعالى
بغير حساب يسر الله تعالى عليه اسباب
الدنيا والاخرة يعني الشكل المتمن
الذي ياتي صفته والكلام عليه وهو الى
عطارد يوم الاربعا فمن يرسم سره
العددي بعد صيام اربعين يوما باستدامة
الطهارة

الطهارة وذكر الله تعالى في رق طاهر
مستقبل القبلة على طهارة الوضوء
الكامل وليكن القمر في سعد السعود
والساعة للشمس فحامله لا يخطر له خاطر
مذموم ويفتح الله عليه بقبول الحقايق
الربانية والانوار القدسية ويامن لابسه
من كل مضرة ويرزقه الله تعالى الهيبة
ومن دعي به يوم الجمعة وهو صايم
دايم الذكر ودعا به في حاجته صالحه
قضى الله تعالى حاجته وكذلك من حمله
وهو منتسب في بيعه كثر خيره ويسر
الله تعالى عليه سبب رزقه ورزقه
الله من حيث لا يحتسب وفيه ايضا
من تاليف القلوب وعطفها وتقليبها
الى طالبها ما هو بركة وعبرة لمن تاملها
وفهمه الله تعالى سره ويأتي تشكيله
وتمثيله في موضعه اذا انتهى الكلام اليه

وصفة الدعاية للحاجة وذلك ان تجمع من
اسما الله تعالى الحسنى جميع اعداده كما امثله
لك مع اشكاله واشرح لك كيفية تجلب
المطلوب وردها اليك وتقلبها واطوار
محبتك واتقيا وهذا لذلك مما لا تجده
في كتاب ولا تقف عليه في ديوان فعليك
بكتمه وصيانته فانه الكبريت الاحمر والكنز
الاكبر والمغناطيس المشهر واعلم
يا اخي ان من فتح له من اسرار المبهم واحاطته
وانطباقه ومافيه من العوالم مشاهد العجائب
من الموازين وكذلك من اراد ان يهون الله
تعالى عليه الحفظ يكتب هذه السر العددي
يوم الخميس وهو طاهر مستقبل القبلة
ومعه اسم النبي محمد صلى الله عليه وسلم
اربعين مرة ويمحوه ثم يشربه بما وعسل
نحل ويقول اللهم ببركة ما شربت هون علي
الحفظ والفهم ويداوم على ذلك اربعين
يوما

يوما يفتح الله تعالى عليه ظاهرا وباطنا هذا
لمن فهم سر الاسم حتى يشاهد قوة ما في باطنه
من كل عالم في السر الذي به قام الاسم فبهذه
المهمة يكون الفتح وأما شكاله الحرفي فهو
من الاسرار المكنونة وذلك انه من كتبه
في رق طاهر يوم الاثنين في ساعة القمر
وبخره بالمصطكى واضمر شيئا واراد ان يرى
عاقبته صام يومه ذلك لله تعالى خالصا
وليفطر على يسير من الخبز وليصلي
ورده وليبت على طهارة الوضوء وليبت على
شقه الايمن وليقرأ تبارك الذي بيده الملك
وهو تحت راسه ولا يتكلم مع احد بعدها
وينام فان الله تعالى يطلعه على عاقبة
امره بقدر القسم الذي اراده ولا يصلح
ذلك الا لاهل طهارة القلوب والاجسام
واهل الرياضة وكذلك من كتبه في جام
زجاج وشربه يسر الله تعالى الحكمة ومن علقه

عليه يسر الله عليه الفهم وانطقه الحكمة
ومن كتبه ومعه لا اله الا الله ثمانين مرة
وعلقه على عضده الايمن او كتبه في ثوب
ولبس ذلك الثوب رزقه الله تعالى الهيبة
والرافة واذا كان على تفتيش وترتيض
لا شك ان الله تعالى يطلعه على عالم الجن
بعد ان تكتب ما اصفه لك وذلك ان اردت
الحاز اخوان من الجن المومنين يقضون 444
لك حاجة ويسرعون في مرضاتك تبدا
بالصوم يوم الاربعا الى يوم السبت الرابع
منه بعد ان تغتسل اذ لا بد من الغسل
وتقرا سورة الاخلاص الف مرة وسوره يس
مرة واحده وسورة الدخان كذلك وتنزيل
السجده وتبارك الذي بيده الملك مرة
مرة فاذا كان عصر يوم السبت وهي العاشرة
تعتزل من الناس في موضع طاهر خالي
في بقعة نظيفة وتاخذ سبع دواة
من الطاخي

من الكاغظ وتكتب علي الاولة قوله تعالي
وهو الذي يحيي ويميت الي قوله النهار
وقوله تعالى واذا قضى امرا فانما يقول
له كن فيكون فسيكفيكهم الله وهو السميع
العليم وتكتب علي الثانية ان ربكم الله الذي
خلق السموات والارض في ستة ايام ثم استوي
علي العرش الي قوله تبارك الله رب العالمين
وقوله واحاط بكل شي علما واحصي كل شي
عددا فسيكفيكهم الله وهو السميع وتكتب
علي الثالثة ورسول الي بني اسرائيل الي قوله
باذن الله فسيكفيكهم الله وهو السميع العليم
وتكتب علي الرابعة ثم اذا دعاكم دعوة
من الارض اذا انتم تخرجون فسيكفيكهم
الله وهو السميع العليم وتكتب علي الخامسة
فاذا هم من الاجداث الي ربهم ينسلون
فسيكفيكهم الله وهو السميع العليم
وتكتب علي السادسة ونفخ في الصور

فاذا هم قيام ينظرون فسيكفيكهم الله وهو
السميع العليم وتكتب علي السابعة يوم
يخرجون من الاجداث سراعا كانهم الي
نصب يوفضون فسيكفيكهم الله وهو
السميع العليم بعد ان تصلي اربع ركعات
الاولي بام القران وسورة يس والثانية
بام القران وسورة الدخان والثالثة بام
القران وتنزيل السجده والرابعة بام القران
وتبارك الذي بيده الملك وهو علي كل شي قدير
وتقول في اخر سجدة منها سبحان من لبس
العز وقال به سبحان من تعطف بالمجد
وتكرم به سبحان من احصي كل شي بعلمه
سبحان من لا ينبغي التسبيح الا له سبحان
من اذا اراد شيئا كان مالم يشا لم يكن
سبحان ذا المن والفضل والنعم
سبحان ذي العلم والحكم سبحان ذو الطول
والفضل سبحان ذي العرش واللوح والقلم
والنور ثم

يرفع راسه ثم يقول اللهم اني اسالك بمعاقد
العز من عرشك ومنتهى الرحمة من كتابك
واسالك باسمك العظيم الاعظم وبوجهك
الكريم الاكرم وكلماتك التامة ان تسخر لي
عونا من صلحا الجن المومنين حتى يعينني
علي ما اريده من حوايج الدنيا فانه يظهر
لك سبعة اشخاص من اشرافهم وكبريهم
فيتمثلون بين يديك وتكون قبل ما تقري
الاسما قد علقت عليك سبع براوات في
خيط مثل الطرطور وعلقته على راسك
وذلك يكون قبل شروعك في الصلاة
ويكون معك شمع فتاخذ اول براوه من
البراوات السبعة التي كتبتهم وقراتهم
في الصلاه وتقراها عليهم وتقول ايكم
صاحب هذه البراواة وهذه الوفقه
فيقول احد منهم انا صاحبها فتقول
له اش اسمك فيقول لك انا اسمي فلان

الى فلان فتكتب اسمه على الرقعة ثم تقول
له هات حاجتك وتاخذ الخيط والشمع
وتختم اسفل الرقعة كما تختم الصكاك
يعني المكتوب ثم ترد اليه خاتمه ثم
تقول الى كل واحد منه كذلك حتى تنتهي
الى السابع ثم تقول عزمت عليكم
بما في هذه الرقعة من الاسما التي ماحضرتم
واجبتم دعوتي اذا دعوتكم بالطاعة
ثم تقول لهم انصرفوا بارك الله فيكم
وعليكم ثم ترفع تلك الصكاك يعني
تلك البراوات وتلك الختومة في موضع
طاهر حتى يبدو الك حاجة من طعام
وشراب او علم شي او لذة او غيبة
او غير ذلك فتدعوهم فيجيبوك
اسرع من البرق الخاطف او الريح
باذن الله تعالى واياك يا اخي
ان تفعل ذلك وانت غير قوي القلب
ثابت العزم

ثابت العزم فان كنت ثابتا في عقلك ذو
همة عاليه ودماغ ثابت وقلب قوي
وانت ممارسا للعلوم فاقدم على عملك هذا
ان احتجت اليه وان كنت غير ثابت
القلب ثقيل الراس فاقدم وافعل
وان كنت غير ذلك فاياك وحضورهم
فانك تضرر وحك لانهم ملوك عظام
فاحذر من مشاهدتهم فانه يشق
فناء القلب وان اقتصرت على الخاتم
المتقدم ذكره ففيه كفاية شافيه
ومن كتب الخاتم في رق ظبي وعلقه
على ذي الالام الجسمانية كالحميات
والاوراد وغير ذلك من اعمال الائتلاف
والنظر في عواقب الاموالي اراه
الله ذلك من ذلك عجايب وذلك ان اسرار
الاعداد لها قوة عقليه لان الاعداد
تشير الى الحروف ومن حيث

التلفي والحروف تشير الى الاعداد
من حيث التركيب والاعداد تشير الى
العالم الروحاني والحروف للعالم الجسماني
وفي جملة روحاني والحروف تظهر بلطائف
الجسمانيات والاعداد تظهر بلطائف الروحانيات
في فهم سر المبهم يدل على سر صلصلة
الجرس به الوحي التنزيل وقد سيل
رسول الله صلى الله عليه وسلم كيف ياتيك
الوحي فقال النبي صلى الله عليه وسلم
ياتيني احيانا مثل صلصلة
الجرس واحيانا يتمثل لي الملك
ويكلمني فاوعي ما يقول والجرس
هو الجلجل الا ترى اذا كانوا يجعلونه
في اعناق الخيل وعرفها واسدالها
اذا تحركت الخيل في سيرها
ليقع للجرس دوي على بعد مسافة
فهذا هو صفة الوحي في صلصلة
الجرس

الجرس وقال عليه السلام وهو اشد
علي ثم يتفصم عني وقد وعيت ما قال
وانما وقع التشبيه بجوف الميم بالجرس
لتدويره وانطباقه وشدة امره
وقوله الا تسمع لقوله صلى الله عليه
وسلم في صفة اسرافيل عليه السلام
وعظم خلقته وقوته وطاقته
وكيف على كاهله قايمة من قوايم العرش
من عظمه ثم اللوح المحفوظ بين عينيه
من عظمه وكبر جرمه ثم الصور
الذي في اتساع مسيرة خمسمائة عام
وقد التقمه في فيه وقد قدم رجلا
واخر اخرى وان رجليه لتخرق
الارض السابعة السفلى الى تخومها
وقوله قد التقم الصور في فيه
كيف كانت الميم في التقم في اخر
رتبته لان الصوت يكون به الفزع

والصعق والبعس وهو شاخص ببصره
الى العرش ينتظر متى يؤمر بالنفخ بخ
الصور وان النفخ لا يخرج الا بانطباق
الشفتين والميم يخرج بانطباق الشفتين
ولا يستطيع الناطق به ان يخرجه من غير
انطباق الشفتين فلذلك كان في التشبيه
بصلصلة الجرس والصلصلة قوة
الصوت ولنعلم هنا ما الفرق بين
صلصلة الجرس وجر السلسلة في الصحف
التنزيلي الاسرائيلي الموسوي اذ حس
الصلصلة حركة روحانية وحركة
السلسلة حركة جسمانية والميم جهتان
جهة علوية وهي الميم الاولى وجهة
سفلية وهي الميم الثانية في نسبة
التفصيل هكذا ميم ولما كان الميم
لها سر في الروحانيات العلويات وفي
الجسمانيات السفليات كانت للاعداد
ايضا نسبة

ايضا نسبة في العلويات ولحروفها اسرار
في السفليات وهو حرف حار على الجملة
وفيه رطوبة بين حرارتين على التفصيل
وهو حرف البا والحرارتان الميمات
الاولى والاخرة هكذا اميم ومن
هذه الحرارتين كان انطباقه وانزعاجه
ولولا البا الرطبة الفارقة بين الحرارتين
لنطبقت الخشبتين فعلم ذلك وحرف
الميم مكل الاسم المضمر الرفيع الارفع
وهو ليعم والات نشرح الاسما الثلاثة
الكرام العظام وهي الله الرحمن الرحيم
فاما اسمه الله تعالى فهو الاسم الاعظم
الجامع لسا بر الاسما ولذلك بدا عبه في
كتابه وختم به كتابه وتعبد به عباده
واشار اليه وعرف به بقوله هو الله
واما حرف الميم فهو المشار اليه في
اسمه صلى الله عليه وسلم محمد محمد

رسم حرف الميم وشكله ووفقه وقرا
عليه ما ياتي من الكلام والايات ودخل
به على الملوك والحكام وقضاة الاسلام
كان مقبول القول عندهم نافذ الكلام
ويجعل لحامله الهيبة حتى لو قابل
الاسود لهابته وذلت له وهابته وولت
هاربه وان دخل حامله الحرب فانه
يقهر الاعدا ويقطع الاخصام ولا يقربه
عدو الا ظفره الله عليه ويكون محبوبا
عند الناس معززا مكرما وتحبه
كل من راه ويميل الى مصاحبته وله
خواص عظيمة وهذه صفته كما ترى
ياتي بعده وقد اشار بعض الايمة
انه من اخلص الرياضة والمجاهدة
وتخلص من يد الشهوة والغضب والاخلاق
القبيحة والاعمال الرديه وجلس في
مكان خالي وغلق طرق الحواس
وفتح عين

وفتح عين الباطن وسمعه وحصل القلب
في مناسبة عالم الملكوت واجتهد
وقال الله الله دائما بالقلب دون اللسان
الى ان يصير لا وجود له من نفسه ويبقى
لا يرى شيء الا الله تعالى انفتحت له
طاقة ينظر منها ويبسط في اليقظة
الذي يبصره في النوم فتظهر له ارواح
الملائكة والانبياء والصورة الحسنة
الجميلة وانكشف له ملكوت السموات
والارض ورأى ما لم يمكن شرحه ولا وصفه
كما قال النبي صلى الله عليه وسلم زويت
لي الارض فرأيت مشارقها ومغاربها
قال الله تعالى لنبيه صلى الله عليه وسلم
في كتابه العزيز واذكر اسم ربك وتبتل
اليه تبتيلا معناه الانقطاع عن كل شيء
وتطهير القلوب من كل شيء والابتهال
اليه بالكلية وهو طريق السادة الصوفية

بسم الله الرحمن الرحيم
وعلى الله فليتوكل المؤمنون
إن ينصركم الله فلا غالب لكم وإن يخذلكم فمن ذا الذي ينصركم من بعده
جبرائيل
ميكائيل
قل اللهم مالك الملك تؤتي الملك من تشاء وتنزع الملك
ممن تشاء وتعز من تشاء وتذل من تشاء بيدك الخير
إنك على كل شيء قدير تولج الليل في النهار وتولج النهار في الليل
وتخرج الحي من الميت وتخرج الميت من الحي وترزق من
تشاء بغير حساب

واعلم من خواص الربوبية علم اسمايه الحسني وصفاته
العلوية العظمى وخصوصا بينها اسم الله الاعظم
الله الذي اختص بهذا الاسم وحده لجلاله ومجده
وهو الاله الذي الالوهية من نفسه وهو الله الذي
لا ولد له ولا والد انما الله اله واحد ولذلك قال
بعض قال المحاسبي رضي الله عنه روي
ان جبريل عليه السلام نزل على النبي صلى الله
عليه وسلم بالاسم الاعظم في ورقة من ورق
الجنة مطبوع بخاتم مسك فيها مكتوب
اللهم اني اسالك باسمك المكنون المخزون مطلب دعا
الطاهر المطهر القدوس الحي القيوم الرحمن
الرحيم ذو الجلال والاكرام قال انس فقالت
امراة علمناه يا رسول الله فقال النبي صلى الله
عليه وسلم نهينا ان نعلمه النساء والصبيان
وقد سيل بعض الاحبار الى الايمة الابرار
ان تجمع له الفاظا يدعو بها في مهمات
اموره فكتب له هذا الدعا المبارك يقول

اللهم اني اسالك بانك انت الله في حقائق
محض التخصيص وبانك انت الله على كل
حال في الاحوال الجد والتعديل وبانك انت
الله المقدس بخصائص الاحدية والصمدية
على الضد والند والتقبض والنظير والظهير
وبانك انت الله الذي ليس كمثله شي
وهو السميع البصير ان تصلي على محمد وال محمد
وعلى كل ذي تجب محمد ان تصلي عليه وان
تقضي جميع حوائجي كلها قضاء يكون
لي فيه خير الدنيا والاخرة محفوظا بالرعاية
محفوظا في الاوقات ملحوظا بخصائص العنايات
باعوادي الخيرات يا من هو في حق الحقيقة
اهل التقوى واهل الحسنات اللهم انها
مسالة خادم لعز ربوبيتك باظهار مسالته
بانك علام الغيوب ومشاهد حقائق المطالب
قبل مباشرتها للقلوب فتممها بجميل
الخاتمة يا خير المطلوب وصلى الله على حبيب

القلوب

القلوب وقيل ان هذا الدعا فيه اسم
الله الاعظم كما نقل عن بسم الله الرحمن الرحيم
ان ما بينها وبين اسم الله الاعظم الا كما
بين سواد العين وبياضها والله يقول
الحق وهو يهدي السبيل هذه دايرة كما نرى
الم المص الر المر كهيعص طه
طس طسم يس ص حم عسق ن

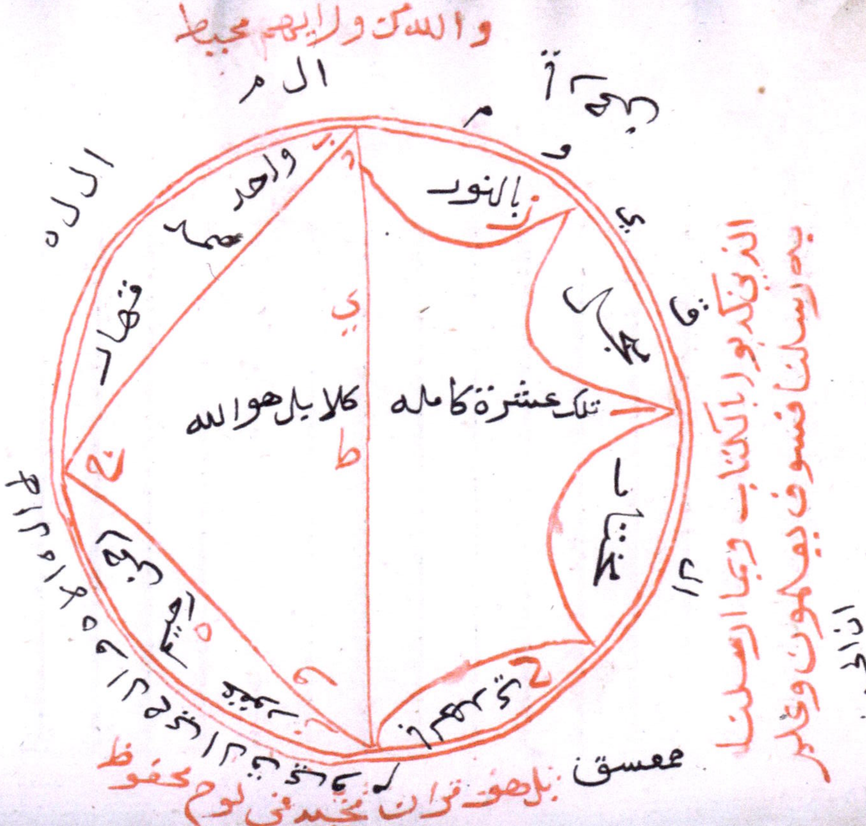

والله من ورائهم محيط
تلك عشرة كاملة
بالنور
بالهدى
واحد
قهار
الذين كذبوا بالكتاب وبما ارسلنا به رسلنا فسوف يعلمون
بل هو قران مجيد في لوح محفوظ

وان الحروف الموضوعه في زواياه هي حروف
المثلث وهي انتها الاعداد التسعة التي
هي اوايل حروف ابجد ابجد هوز
حطي والبا العاشرفيه للمثل اتقول
يا الله يا باعث يا جليل يا دايم يا هادي
يا واحد يا ذكي يا حافظ يا طاهر تسعة
احرف جمعت الحروف التسعة وما تقدم
من هذا الدعا الذي اوله اللهم اني اسالك
بانك انت الله الي اخره هو دعا
هذا الشكل الاعظم وهو هذا
الدعا الشريف بسم الله الرحمن الرحيم
اللهم اني اسالك بانك انت الله في حقايق
محض التخصيص وبانك انت الله على
كل حال من احوال الجد والتعديل وبانك
انت الله المقدس بخصايص الاحديه
والصمدية عن الضد والتقييد والظهير
وبانك انت الله الذي ليس كمثله شي وهو

السميع البصير اسالك ان تصلي على سيدنا محمد
وعلى ال محمد وعلى كل نبي تحب محمد وان تصلي
على سيدنا محمد وان تقضى حاجتي وجميع
حوائجي كلها وما تكون لي فيه خير الدنيا
والاخره محفوظا بالرعاية محفوظا في الاوقات
مخصا بفي الغايات باعوارد بالخيرات بامن
هو محق الحقيقة اهل التقوي واهل
الاحسان اللهم انها مسالة خادم
لعز ربوبيتك باظهار مسالة فانك
انت الله علام الغيوب ومشاهد حقيقة
الطالب قبل مباشرتها للقلوب فتممها
بجميل الخاتمة خير المطلوب وصلى الله على سيدنا
محمد حبيب القلوب وعلى اله وصحبه وسلم
تسليما كثيرا وهو هذا دعا السيف كلا
الاعظم فقس وتستنبط منه ما شئت
ما رغبت فيه تجده مطلق السوال في جميع
المامول فكفا به غاية فانه هو الكبريت
الاحمر

والترياق الاكبر ومن فهم سره نال به
ما اراد باذن الله تعالى فصل سته
اخر قال رضي الله عنه كنت في خلوة فرايت
شكلا وهو دايرة في باطن دايرة وفيه شكل
الجلالة وهو اسمه الله وقد تفرع منها كل اسم
فيه من الاسم الى اسم الجلال فلما ثبت هذا
الشكل في قلبي وذهني وانفصل عني هذا
الحال والى نفع الشكل النوراني فمثلته على
الورق ورجعت الى فكري فقلت يمكن
ان اخرج من هذا الاسم التسعه وتسعون
اسم تفريعا وشرعت في ذلك فاخذت
اخذه فبل لي فيها شكل التفريق مع
التوفيق فاستغفرت الله تعالى وحمدته
ورجعت عن ذلك الخاطر الذي خطر لي
فهذه تسعة عشر اسما خرجت من
الجلالة والجلالة الخارجة منها خاتمة
العدد وفيها من المنافع اشيا غير مذكوره

فيها عند من يعرف كيفية استعمالها وري تاثيرها
ومن ذلك ما من امر دنيوي واخروي
اراد بلوغه ثم تطهر ويستقبل القبله
وصلى ركعتين في موضع خلوه بخمس النيه
وحق الم لنجا الى الله تعالى في ثلث الليل
او في اخره وذكر هذا العدد اسم بحضور
قلب بحيث لم يكون مشغول الفكره بغير
ما هو بصدده ويقراه الف وستمايه وثلاثه
وستين مره **وان اردت** ان تختصر على
اقل من هذا العدد فيكون مايه وثمانون
مره ثم يسال الله تعالى حاجته عقيب
الدعا الى يسر الله له عليه اسبابها
لا سيما اذا طلب من الله عز وجل تسهيل
علم فان الله تعالى عز وجل يفتح له
من اسمه العظيم طريقا الى قصده
فيرى لله عجايب فمنها ما يمكن النطق به
ومنها ما لا يمكن النطق به **ومن ذلك**
اسمه تعالى

ان المسافر اذا كتب هذه الدايره وجعلها
في متاعه في الحضر والسفر فانه يكون
محروسا باذن الله تعالى من غير ان تتطرق
اليه المفسدين ومن كتبه وعلقه على عضده
الايمن ومشى به بين اعداي عصمه الله تعالى
منهم وخذلهم وان دخل على من يخاف من
الجبابره ذلك وخضع وقلب الله تعالى
قلبه وجبروته بين يديه وذلله وخضع
وتقطعت نفسه لمراده واعطاه الله
تعالى مطالبه وكفي امره باذن الله تعالى
شر كل ذلك لما فيه من الاسرار العجيبه
الجليله وان كتبت الاسما الشريفه بماورد
وزعفران شعر وكافور وطيب وسقي لمن
في جسمه علة جسمانيه او علت نفسانيه
ازالتها وخففتها ونفعت ما يلحقها من
في نفسه وجسمه وتعطيه الاسما
هيبه وجلال لحاملها انه يشا هذا ذلك

لا ريب فيه وان ذكرها الانسان كل يوم
بعد صلاة الصبح سبعه وسبعين مره ثم
مات من جملت ورده فانه يرى بركتها من
الخيرات في دينه ودنياه ونفسه اشيا
عجيبه حتى انه لا يكاد منه تتعلق
باحد من الخلق ويتسخر له الخلق في مراعه
منها ومحبتهم له ويحبوه محبتا شديده
واذا ظلمه جبار من الجبابره او قهره
او اذاه واراد الانتقام منه فليذكر
هذا الدعا وهذه الاسما تقول يا الله
يا سميع يا سريع يا باعث يا بديع يا عدل
يا معز يا فعال في اول ساعة من يوم السبت
بجمالها ويدعوا على من ظلمه واذاه فان
الله تعالى ينتقم منه قبل ان ياتي الاسبوع
وينتصر على من ظلمه وان اردته للمحبة
والصلح بين اثنين يكونا متباغضين
او اردت ان يحبك احد ويكون تحت امرك
ونهيك

ونهيك فاكتب اسمه واسماء وذويهم
في ماء واسق المتباغضين من ذلك
الماء فانهم يتحابون باذن الله تعالى وكذلك
ان اسقيته الماء لمن تريد فانه يحبك حبا شديدا
ولا يبغا يرى بعاد ذلك وتكون الكتابة نهار
الاحد في ساعة الشمس او ساعة عطارد
بعد ما تبخره ببخور طيب مثل عود وعنبر
وجاوي ومسك وتدومسكه فانه يكون ذلك
ان شاء الله تعالى ولها خواص كثيرة وقد اختصرنا
ذكرها خوفا من الاطالة وهذه الحروف
اسما المشار اليها تقول يا الله يا سميع
يا عليم يا سريع يا واسع يا عدل يا علي يا عظيم
يا متعال يا عزيز يا عفو يا باعث يا فعال
يا معبد يا رفيع يا معبود يا مانع يا معيد
يا رفيع يا مانع يا نافع يا جامع يا بديع وهذه
صفة الخاتم الاعظم المشار اليه
وهو كما ترى

وهذا دعا هذه الدايرة تقول بسم
الله الرحمن الرحيم رب اسالك باسمك الذي
فتحت به عالم الامر والخلق بالتجلي
للحق

للحق المظهر لنسب التنزيل والمنافي
امرًا ووجودًا وبطونًا معقولًا ذلك حسًا
لمن ابدت بل معلومًا لمن اشهدت مجهولًا
لمن شيئت بما تشابه منه لكثرة لا تقدح
في وحدة ما احكمت من محكمه يا عليم يا حكيم
يا فتاح يا الله يا رب واسالك اللهم يا سميع
يا عليم يا سريع يا واسع يا عدل يا علي يا عظيم
يا متعال يا عزيز يا عفو يا باعث يا مجيد يا رفيع
يا معبود يا مانع يا مجيد يا رفيع يا معبود يا نافع
يا جامع يا بديع واسالك اللهم بسر الاضافة
الرابطة بين حضرة الوجوب والامكان
المقتضية الظهور النعت الاعظم بالاسم
المبهم لثبوت الالوهيتين عمومًا وخصوصًا
بدءًا وعودًا اي سعة عموم الرحمانية التي
لا تتناهى واستقرارًا وثبوتًا اي قبض خاص
الرحيمية الرافعة لشهود اثبات التقرب
بالقرب المجهول الماهية منك يا رحمن

يا رحيم يا فتاح يا عليم يا سميع يا عدل يا بديع
يا جامع يا نافع يا واسع يا علي يا عظيم اسالك
التنوير والتيسير والمعونة والفوز والحفظ
والرعاية والستر والتكميل وطيب الرزق
والبركة فيه والرجا وحسن الظن بك
واليأس من غيرك بسم الله الرحمن الرحيم
تكوين لامرك وتكميل لجودك وبركة منك
تبارك اسمك وتعالى جدك ولا اله غيرك
بك امنا ولك اسلمنا وعليك توكلنا
حققنا اللهم بنورك ونور اسمك غيبنا
عن غيرك ذهولا فيك يا الله شهودا لك
يا رحمن سلام قولا من رب رحيم يا سميع
يا عليم يا عدل يا منفال يا عدل يا علي يا عظيم
وصلى الله على سيدنا محمد وعلى اله وصحبه وسلم
تم هذا الدعا بقول

لخشوع القلوب عند السجود لك يا سيدي بغير جحود
وكفى بالله يا جليل فلا شي يد انيك في غليظ العهود
ونكرسيكل

وبكرسيك المكلل بالنور   الى عرشك العظيم المجيد
وبما كان تحت عرشك حقا   قبل خلق السما وصوت الرعود
ذاك اذ كنت مالم تزل قط   الها عرفت بالتوحيد
اسالك اللهم ان تصلي وتسلم علي سيدنا محمد وعلي
اله وصحبه وسلم وان تقضي حاجتي وهي كذا
وكذا وتذكر ما تريد فان الله تعالي ليقضي حاجتك
والنية سابقة العمل قال مقاتل بن
سليمان ان كنت اطلب الاسما التي كان عيسي
عليه السلام يحي بها الموتي باذن الله تعالي
ولم ازل ملح اربعين سنة حتى وجدتها
عند رجل من اهل العلم والدين وهي الاسما
الذي تقدم ذكرها قال مقاتل ابن مجاهد طلب الدعا
من دعا بها بعد صلاة الصبح مائة مرة
في اي حاجة اراد فان لم يستجب له فليلعن
مقاتل حيا كان او ميتا وقد يدعى بها علي
تدمير الظالمين وغير ذلك وقدري في مقاتل
ابن سليمان ان هذه الرواية قال اذا صليت

الصبح فقل وانت جالس بعد فراغك
من الصلاة بسم الله الرحمن الرحيم ولا حول
ولا قوة الا بالله العلي العظيم يا قديم
يا قايم يا دايم يا فرد يا وتر يا صمد
يا احد يا حي يا قيوم يا كريم يا رحيم
يا سند يا من اليه المستند يا من لم يلد ولم
يولد ولم يكن له كفوا احد يا ذا الجلال
والاكرام وتسال حاجتك فانها يستجاب
لك فلا تقاتل وما فيهما سالت اجيبت
دعوتك ان شا الله تعالى ولنرجع الى ما نحن
بصدده من تفسير الاسما الشرفيه العظيمه
وهذا تفسيرها بالعربية نقول
الله الله الله العلي العظيم الله الله الله
الحليم الكريم الله الله الله الحي القيوم
الله الله الله بديع السموات والارض
ذو الجلال والاكرام الله الله الله الفرد الصمد
الله الله الله الواحد الاحد الله الله الله الذي
لم يتخذ

لم يتخذ صاحبتا ولا ولدا سبوح قدوس
رب الملائكة والروح الله الله دايم
الله الله حي قايم كريم رحيم علي عظيم
روف كريم دايم السما رب الارض
والسما ولا حول ولا قوة الا بالله العلي
العظيم وهذه صفة الدايره
التي تجمع الاسما الشريفه وهي كما ترى
في ظاهر الصفحه

حفظهما وهو

الله لا اله الا هو الحي القيوم لا تاخذه سنة ولا نوم له ما في السموات وما في الارض ذا الذي يشفع عنده الا باذنه يعلم ما بين ايديهم وما خلفهم ولا يحيطون بشيء من علمه الا بما شاء وسع كرسيه السموات والارض ولا يؤده [illegible]

والشهادة الكبير المتعال [illegible] الغيب الله الملك القدوس [illegible] العزيز الحكيم عالم [illegible]

بسم الله الرحمن الرحيم اللهم
انى اسالك باسمك الله الله الله العلي
العظيم الله الله الله العظيم الاعظم الله الله
الحي القيوم الله الله الله الاحد الصمد الله الله الله
الصمد الله الله الله الذي لم يتخذ صاحبة ولا ولدا الله الفرد
الله الله سبوح قدوس رب الملائكة والروح الله
الله الله دايم حي قايم كريم رحيم علي عظيم
روف كريم دايم النعما رب الارض والسما الله الله الله
ورب العرش العظيم يه يه يه الا ما اجبتم يا ملائكة
الله الكرام الموكلين بهذا الاسم الاعظم بقول الله انا في الدهر
الثاني انا الله في الدهر الخالي انا الله في الدهر انا في
اجيبوا يا ملائكة الله الكرام بالذي الذي لا اله الا هو رب
العرش العظيم وبالذي قال للسموات والارض ايتيا
طوعا او كرها قالتا اتينا طايعين الا ما اجبتم
يا خدام هذه الاسما الى قضاء حاجتي
وما امرتكم به الوحا العجل الساعه بارك
الله فيكم وعليكم تمت الاسما
العزيزه

العلي العظيم

وهذه الخواتم

وهذه الخواتم نكتبها مع الدايره كما ترى

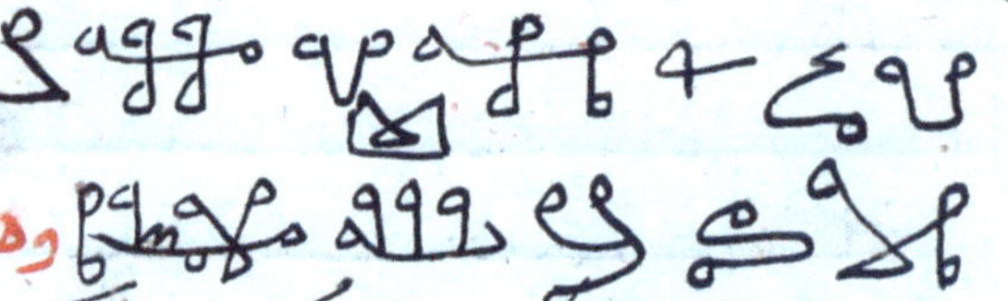

وهذه

قسمه تقول اللهم اني اسالك بما سالك
به جبرايل حين سجد عند عرشك العظيم
وبعزة اسمائك يا الله يا الله يا الله ان تسخر لي
ملايكتك وخدمة عرشك وحضرة ملكك
كسفيابيل ودوريابيل وشمخيابيل وشمفيل
وروقيابيل وتوبابيل رشمفيابيل وشمخيل
وروقيابيل ونورابيل وكصفيابيل وجبرايل
وردعيابيل وسمسمايبل وطاطايبل وحرمبايل
وطيفابيل واسرافيل وميكايل وعزرايل
وكرامه وكوشا وسرمايل وعرفيايل
وبنطايل وعتيايل اعينوني ايتها
الملائكه الكرام والارواح الطيبين عليهم
السلام اللهم بعملك وبقدرتك علي

جميع الخلايق وباسمك العظيم الكريم المتعال
المطهر الواحد الاحد المعظم العزيز المقدس
الذي فضلته على جميع الاسما عزيزها
ومنيعها وشريفها ورفيعها وجليلها
وكبيرها الا ما سخرت لي هولا الملايكة الكرام
يقضون حاجتي وهي لدا الكلدا وتذكر حاجتك
وهي ما لله عز وجل فيها رضا وابال وما لا
يحل فانه قد كان بلعام بن باعور يحسن
الاسم الاعظم فلما دعا به على قوم موسى
عليه السلام انعكس عليه الدعا وسلبه
الله الاسم الاعظم والعياذ بالله تعالى من ذلك
قال الله تعالى فيه واتل عليهم نبأ الذي اتيناه
اياتنا فانسلخ منها فاتبعه الشيطان
فكان من الغاوين ولو شينا لرفعناه
بها ولكنه اخلد الى الارض واتبع هواه
فمثله كمثل الكلب ان تحمل عليه يلهث
او تتركه يلهث فالله الله من هذا الاسم
الشريف

الشريف واياك ثم اياك والاستهانة به
فانه والعياذ بالله ينقلب على من يصرفه
في معاصي الله تعالى بسلب الايمان وخلود
النيران عافانا الله بفضله من نقمه بعدله
انه كريم تواب والبخور الى هذا الكبريت
الاحمر والترياق الاكبر عنبر خام وعود
وجاوي ومستكا تجد بها حاجة من
حوائجك ومهماتك والله يقول الحق
وهو يهدي السبيل

انما الله اله واحد سبحانه

[illegible]

اعلموا انما الحياة
الدنيا لعب ولهو

ه ١	ب ٢	ملعلي ٣	لعلي ٤	جلي ٥	سلي ٦	صعلي ٧	صلي ٨
نعلي ٩	علي ١٠	لمعلي ١١	رعلي ١٢	ملعلي ١٣	لنوعلي ١٤	صعلي ١٥	
حعلي ١٦	موعلي ١٧	ملعلي ١٨	لوعلي ١٩	عه ٢٠	لمعه ٢١	رعه	
ملعه ٢٣	لوعه ٢٤	صعه ٢٥	حعه ٢٦	موعه ٢٧	ملعه ٢٨	لوعه ٢٩	
بكه ٣٠							

الى له
دعا ليس لها من دون الله كاشفة تتلى بعد صلاة العشا
وانت مخصوص مستقبل القبلة العدد ١١٥٣ وتتلى
الدعا لكن على زاى كل ما به فرح واحد و تندى بالعدد ذكر
من المحاه وانه طالع الان تتم العدد المذكور وهو هذا الدعا
بسم الله الرحمن الرحيم وصلى الله على سيدنا محمد وعلى آله وصحبه وسلم
الهي كم من كربة فرجتها وكم من مصيبة كشفتها ومن سواك
يجيب المضطر اذا دعاه اللهم يا سامع الدعا ويا راحم الشكوى عبدك
ابن امتك ناصيته بيدك مقر لك بالعبودية وشاهد على نفسه
بالعبودية قد حل بي مصاب عظيم وخطب جسيم وقد
علمت بان لا ارى له انفكاك له من غيرك وانه لا قابل لحملها
لوقتها الا هو انت الذي تجلي الامور اذا ادهمت والخطوب
اذا عظمت ونحاس ان اسالك اللهم عطفة على فاقتي ومسكنتي
تفرج بها همي وتكشف بها غمي وتفرج عني ما اذهبني
بالله يا عالي يا غني يا مجيب الدعا الهي ونزل ازفة الازفه
ليس لها من دون الله كاشفة

فائده تعلق في ايام الطاعون
بسم الله الرحمن الرحيم الباقي الخلاق يومن يومن يومن يوس
لا اله الا الله محمد رسول الله الشيخ عبد القادر الجيلاني والشيخ
شهاب الدين احمد البلقيني وولده سراج الدين وولده
صالح خيني محمد باقي وله كنف واقي وتسعة

هذه صلوات على النبي تستعمل جماعة في ليل او نهار وهي

اللهم صلي على سيدنا محمد صلاة تنجينا بها من جميع الاهوال
والآفات وتقضي لنا بها جميع الحاجات وتطهرنا بها من جميع
السيئات وترفعنا بها عندك اعلى الدرجات وتبلغنا بها اقصى
الغايات من جميع الخيرات في الحيات وبعد الممات تمت

فائده تقرى كل يوم بعد صلاة الصبح

الذين قال لهم الناس الى قوله وقالوا حسبنا الله ونعم الوكيل
ونقرى البعد د فانقلبوا بنعمة من الله وفضل لم يمسسهم سوء عدد
واتبعوا رضوان الله والله ذو فضل عظيم ويقرى
بعد ذلك لقد جاءكم رسول من انفسكم الى قوله فان تولوا فقل
حسبي الله لا اله الا هو عليه توكلت وهو رب العرش العظيم
ويصلي على النبي صلى الله عليه وسلم بانه مع

فائده لحفظ الاموات تقرى بعد الموت

اللهم صلي على سيدنا محمد وعلى اله وصحبه وسلم
بعدد كل حرف جرى له القلم عز وجل
١٠